千年の時を超える知恵

藤森照信
藤塚光政

まえがき　藤森照信

木の国日本は古来、建築用木材を〝黒木〟、〝赤木〟、〝白木〟そして〝塗り〟の四つに分けて使ってきた。樹皮のついたままを黒木、樹皮を剥いだだけを赤木、鋸や刃物で赤木を削ったものを白木、そして白木に漆や丹《に》（酸化水銀）や弁柄《ベンガラ》（酸化鉄）を塗ったものを〝塗り〟と。

黒木の起源は石器時代にあるが、古来、天皇が皇位につくときの最重要儀式である大嘗祭の建築に使われ、２０１９年に催された今上天皇のときも皇居を訪れると、柱と梁は黒木、壁はススキで作られた古代の作りをそのまま伝える建物が建っていた。茶室の中柱も黒木が定石。赤木も起源は黒木と同じ石器時代だろう。

白木は、鉄製の刃物が必要になり、斧で削るのは起源前3世紀の弥生時代以後、鋸で挽くのは13世紀の鎌倉時代以後になる。塗りは、6世紀、仏教建築と共に入り、専ら寺院で使われている。

こうした四種類の木材を、用途と様式に応じ、時代の好みに従って、使い分けて今にいたる。

明治になると、欧米から新しい建築のあり方が導入され、それまでの大工棟梁に代わって建築家という新しい職能が確立されると、建築家は専ら煉瓦や石を使って欧米スタイルの建築を手がけるようになるが、一方、木造を駆使して欧米スタイルを作り続け、木造の技術と美学は近代化のなかでも生き続けることができた。

そして、１９３０年代になると、モダンな最新のデザインと日本の伝統的木造の深い味わいを融合した建築が試みられるようになり、ここに日本独自の〝木造モダニズム〟が出現する。その始点となったのが最後に取り上げた１９２８年の〈聴竹居〉にほかならない。木造モダニズムは、丹下健三はじめ吉村順三、篠原一男といった世界に名の通る建築家にも引き継がれ、今にいたる。

薄暮に浮かぶ聴竹居。

目次

大華嚴寺

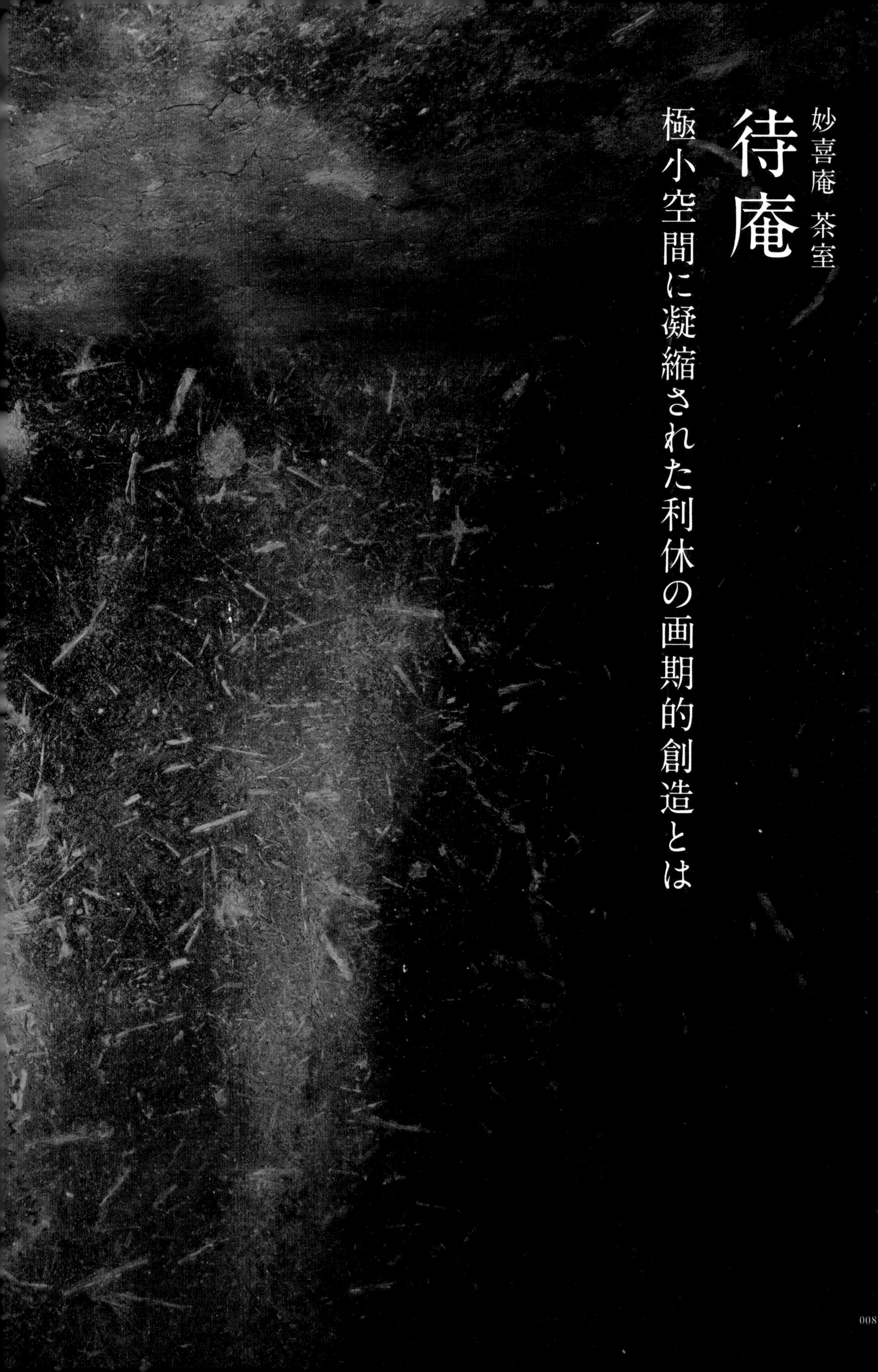

妙喜庵　茶室

待庵

極小空間に凝縮された利休の画期的創造とは

待庵

京都府乙訓郡大山崎町字大山崎竜光56　拝観／日曜の午前中 要予約（1か月前までに往復ハガキで申請。高校生以下の拝観はお断りしている。拝観料／1000円）　お問い合わせ／妙喜庵 ☎075(956)0103

床の間の「室床《むろどこ》」のクローズアップ。利休の「床」の真骨頂。内部の三方の壁と天井の入り隅がすべて藁スサ入りの土で塗り回され、境目が分からない。エッジを消すことで生まれた奥行きは深遠で、ブラックホールのような底知れない暗闇が畏怖の感情を想起させる。

〈待庵〉は謎が多い。出来て１００年ほどしてからやっと記録に現れるし、作者は千利休と伝えられているけれど、証拠はない。にもかかわらず国宝に指定されている。証拠はなくとも利休作といって間違いないのは、これほどの画期的創造と美的完成が当時可能なのは、利休のほか考えられないからだ。

推測まじりでいうと、天正10（１５８２）年、信長を殺した光秀を討つべく、秀吉が急遽、今の岡山から決戦場の山崎へと〝中国大返し〟を数日かけて敢行した時、到着に合わせて〝囲い〟（戦場での仮設茶室）として、利休が急造した。秀吉はここで利休の点てた一碗を喫《の》み、はやる気持ちを鎮め、出陣し、勝って天下人となる。利休は秀吉軍の兵站《へいたん》を担当しており、中国大返しの過程を正確に押さえていたからこその、離れ業であった。

そして待庵は、豊臣家にとっての聖蹟として扱われ、その後の移設にあたり部材の交替はあったものの、作りそのものは変えずに、今にいたる。

どこが画期的だったのか。

まず火の一件がある。これほど狭い木と紙の建築の中で生火（炭火）を燃やすのはテントの中で焚火をするに近いが、そこまでしたのは、茶坊主が点てたのを亭主が客に供するというそれまでの形式を止め、亭主が自分で点てて直接、客に渡すためだった。これを「一客一亭」の茶といい、主客が一対一で向き合い、語る。一方、大勢で楽しむ茶を「一座建立」というが、利休は茶の根本はそこにはないと考えていた。

次に狭さがある。当時、大名は別にして富裕な町人の茶室は四畳半を基本としていたが、利休は極限まで縮め、炉を含めて二畳とした。

二畳は身体尺でいうと、一人の大人が両手両足を伸ばすのにちょうどいい広さにあたり、建築という大きなものの単位面積にほかならない。当時、世界を見渡しても、建築の単位空間の探求などという、ヘンな関心を持っていたのは、イタリアのレオナルド・ダ・ヴィンチと日本の利休だけ。

三つ目は、やや専門的になるが、日本の伝統的住宅を知るための基本知識から始めるしかない。

左:手前畳の隅に切られた炉。　中:床框《とこがまち》(床縁)は大きな節が3つある桐の丸太。　右:待庵の躙口《にじりぐち》。
右頁:躙口を入ると正面が床の間。床柱は杉の丸太。京間二畳敷(約1.9㍍四方)の空間で、東側に下地窓。西側には隅炉《すみろ》がある。

利休が活動していた頃、日本には二つの住宅形式があった。一つは貴族や大名の住いで、古代の寝殿造が中世に進化して成立し、上には天井が、下には畳が、横は障子と襖と壁が立ち、そうして生まれた四角な部屋の正面には床の間がデンと作り込まれている。

もう一つは農民や漁民の民家で、縄文時代の竪穴住居に発し、茅葺き屋根の下に、丸太の柱と土の壁があり、土間にカマド、床は板敷き。もちろん障子などなく、明かり取りには土壁の一部を塗り残して、露わになった木舞《こまい》（小舞。壁の芯の竹）を通して光が入る。

この普通なら一緒になるはずのない対立的形式をバラした後、寄せ集めて、茶室という、どこにもなかった新しい形式を生み出した。たとえば、畳敷き、床の間、障子、襖は書院造から、丸太の柱や藁スサ入りの粗い土壁、下地窓（木舞の見える窓）は民家からきている。

二つの形式からの諸要素を、自分の求める空間に合うよう編成した。画期的創造というしかない。

美的完成はどうか。自由自在に編成しているから、大小さまざまな材が投入され、それらの材に囲まれて生まれる面（土壁、障子、襖、棚、床など）もいろいろあり、これといったルールはないのに、出来は完璧だから直しようがない。自由にして必然的。

かくして待庵が生まれると、それまでの主流だった厳正な姿と色合いを誇る唐物《からもの》（中国からの道具）は、わびた空間にそぐわなくなる。利休は道具の改革に取りかかり、手びねりの黒楽茶碗とか、裏山の竹を伐って使う花入れとかが好まれるようになり、今の茶の湯と茶室にいたる。

躙口を開けると室内には薄日が差し込み、荒壁に柔らかな陰影が生まれる。　左：現存する最古の釣棚。茶室に隣接する一畳敷の「次の間」に仕付けられている。
右：手前座から東壁を見る。壁を塗り残すことで生まれる2つの下地窓。大きさも微妙に異なる。

撮影記

初編『日本木造遺産』ではなぜ利休の「待庵」を取り上げず、織田有楽の「如庵」を取り上げたかというと、消滅点に向かうがごとき「待庵」がとても怖かったからである。

茶事は障子を閉めて二刻(4時間)に及ぶから、極小空間はうっとうしくもある。平面が1坪の空間に疑問を投げ、「待庵は客を苦しめるに似たり」と言った有楽は、如庵では平面の一部を45度切ることで動線を確保し、広がりを生み出した。

利休は身長180cm。当時としては大男だった。武将は鎧が残っているので、身の丈がわかる。有楽も兄の織田信長も同じくらいの丈だった。つまり、待庵は利休が立って寝て、精一杯の空間なのだ。自分の身体を建築化した「極限空間」である。

なぜここまで狭くしたのかを考え、利休が「距離を思考する装置」として待庵をつくったのではないかと思うに至った。

往時の茶室は公なものではなく、茶人が自分の思想や理念のもと、身体の延長としてつくった個人的な舞台だった。狭い空間ほど、亭主と正客の向きや間合いによって、親密さや息遣い、衣擦れの音、気配や匂いなどが微妙に感じられる。茶席で扇子が使われるのも、ある種の結界を示す道具として所作の節目に役目を果たすからだろう。視覚が距離を測る最大の手がかりであることから、距離の限界を測る装置として、この空間をつくったとしても不思議はない。ちなみに、秀吉は小男だった。天下人として、待庵で大男の利休と不思議な間合いで対峙するうちに、ある種の劣等感からむかっ腹を立て「コノヤロウ、いずれ切腹を」と、憎しみが埋み火のごとく灯ったのかもしれない。

狭さを感じさせないといわれるさまざまな工夫も、実は距離を思考するためのものだったのではないか。僕はそれを集約する象徴として、室床の上部に注目した。奥の両脇の柱を塗り込め、床の下面は角を残しているのに対し、上部は3次元のアールを付け、脇と上部の次元をつなげ、スタジオのホリゾントの天地逆バージョンのように距離感をなくしている。つまり、目に焦点を結ぶ手がかりを失わせ、視点の移動を誘っているのだ。

撮影の許可は下りたが、三脚も照明も床に足を踏み入れるのも不可とのこと。あの暗い部屋でどうやって撮ればいいのか。喉の渇いた鶴にどうぞと水を平皿に入れて出しているみたいだ。でも、待庵は昔よりだいぶくたびれているので無理もない話だし、利休はこの空間において茶碗と身一つで天下人と対峙したのだから、写真家も己の身体だけでカメラを支え、空間と対峙しようと決めた。

色彩を排除して光だけで迫ろう。それにはライカのデジタルモノクロ専用機で撮るしかないと思い、新たに購入した。幸い、若い頃よく、レンジファインダーカメラでスローシャッターを切る練習をしたものだ。60年も前の話であるが、腕は錆びてはいなかった。長年の趣味であるライフル射撃の呼吸も役に立った。

最重要な上部のホリゾント部分を撮るにあたり、頼んで邪魔な「妙喜」の掛け軸を取り払ってもらったところ、ムラによる巨大なベロのようなものが現れた。これにはたまげた。なんじゃこりゃ。

最初からあったのか、途中から現れたのか、とにかく今まで写真でも見たことがなかった。寒気がするほど恐ろしかった。

すべて終わると虚脱感を感じ、恐いものから逃げるようにタクシーに乗って京都駅へと向かった。新幹線の席に座って呑んだビールはリンゲルを点滴しているようで、生還を実感した。やはり、無言のうちに恐怖を感じていた動物的本能は正しかったよ。(藤塚光政)

構造学者の眼から見た木造遺産——待庵

茶室という極小空間では、構造的にも最低限の部材を選択することになる。小さいということは、建物重量が軽いとともに建物の一体性を高めることができ、耐震的には有利に働くため、通常の住宅や大規模な社寺建築に比べて部材を省略していくことが可能である。茶室は基礎の石に置かれるのみで、土庇のつく南面は土台が省略され、土壁の端部として壁止めの竹が渡され、床下の換気口も兼ねることになる。庇のない東西面では巾木が用いられている。柱は、住宅よりも細く60～75㍉程度、土壁は住宅より薄く約半分の40㍉である。土壁に使われる「すさ」には、壁土の発酵段階で分解するものと、施工直前に混ぜて繊維補強として用いられるものの2種類があるが、ここでは塗り重ねることが困難なため、普段は壁下地として用いられる中塗りと同様の仕様で、表面にすさが〝現し〞のままで仕上げられている。壁面にあけられる開口は、柱間を意識すると配置が制限されるため、下地窓が用いられている。従来の柱梁と関係づけられる開口部は、柱間の少ない茶室では配置が制限されてしまうが、窓枠が不要の下地窓であれば、土壁の下地である小舞《こまい》を切断せずに配置できるため、自由に配置することができ、柱と開口の間に少しの壁を残すこともできる。開口に現れる小舞は、構造的に用いられる竹小舞だけでなく、皮つきの葭《よし》を数本配置することで一部配列を変え、表情に変化を与えている。また、窓の周辺は蛤端《はまぐりば》と呼ばれる丸みのある仕上げに土壁を塗り回して、応力集中を防ごうとしている。小さい建築に顕著であるが、各要素が複数の機能を持つことによって、部材数を減らしながらも、全体としての性能を満足できるように考えるのが、伝統木造建築である。(腰原幹雄)

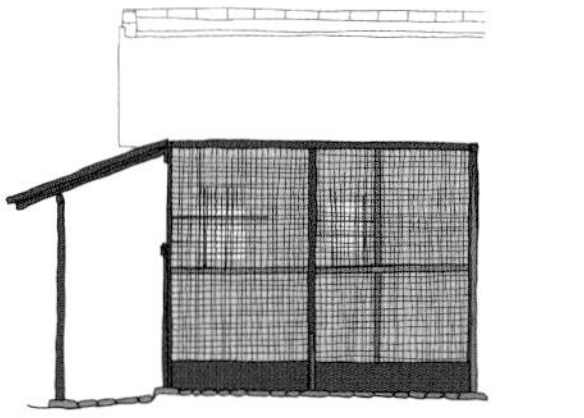

下地窓の下地イメージ

嚴島神社末社「豊国神社」

千畳閣

天下人秀吉公が夢見た巨大経堂

400年吹きさらしのまま、巨大な屋根と床の間に広がる空間。正面の欄干の向こう、微かに厳島神社の屋根の朱塗りが見て取れる。

千畳閣
広島県廿日市市宮島町1–1　拝観時間 / 8時30分～16時30分
昇殿料 / 100円（大人）、50円（小中学生）
お問い合わせ / 厳島神社 ☎0829（44）2020（9時～16時）

秀吉は大の建設好きで、たとえば都市であれば、応仁の乱で荒れた京を新しい都市計画に基づいて再建し、建築なら、豪壮な聚楽第や大坂城や高さ日本一の方広寺大仏殿を作っている。しかし、いずれも消え、今は吉野の金峯山寺蔵王堂が残るのみ。だが正確にいうと、実はもう一つ、かの嚴島神社のすぐ横の丘の上に、神社を見下ろすようにして一棟の建築が立っている。

私の考えによれば、戦の時代を終わらせて天下人となった秀吉は死者の魂の行方に敏感で、まず神道的な習いに従って魂を鎮め、続いて仏教に基づき極楽往生を願った。そして、お経をあげる大経堂として安国寺《あんこくじ》恵瓊《えけい》に命じて作り始めたが秀吉の死により中止され、今も中止されたままの状態で伝わる。あまりに広いので〈千畳閣〉という。

嚴島神社は、瀬戸内海の要衝にそびえる弥山《みせん》を海神の宿る山として、古に始まり、後、仏教も受け容れている。建築史的には、平安時代の寝殿造を採用し、華麗でたおやかな姿が海上に浮かんでいるかのよう。平安時代は、阿弥陀仏のまします西方浄土への信仰がピークに達しており、嚴島神社を寄進した平清盛は、死者の魂が、極楽に往生できるよう願って、神社にはまれな寝殿造を取り込んだのだろう。当時、宇治平等院に見られるように、西方浄土は、建築的に寝殿造系のスタイルこそふさわしいと、考えられていた。京から見て、西の海のかなたの厳島を西方浄土とみなして、朱塗りの寝殿造を作り、〝平家納経〟を奉納した清盛を秀吉は強く意識し、読経の場としての大経堂を作ろうとしたにちがいない。

しかし、なぜ、嚴島神社を眼下に見下ろすような場所に、場違いなほど巨大な建築を作ろうとしたのか。奈良の東大寺の向こうを張って、東大寺をしのぐ方広寺大仏殿を京都に作ったのと、同じ気持ちの表れにちがいない。奈良をしのぎ、平安京を作り直し、最初の武士の棟梁たる清盛を超えてこその天下人。

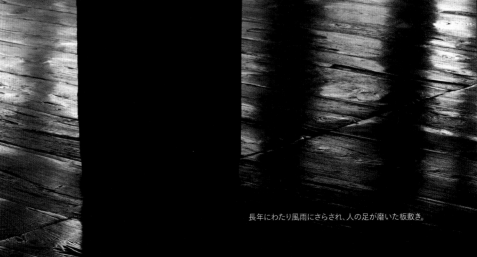

長年にわたり風雨にさらされ、人の足が磨いた板敷き。

柱の上に載る丸太がまるでゴツゴツした石のように重なり合う。このように山から伐り出したままの不定形の丸太を、巧みに重ねて梁(桁)を組むのは、日本の大工の特技で、長く歴史をたどると、なんと縄文時代の竪穴住居に行き着く。

床も柱も木部はすべて風化し、廃墟の味が漂い出る。　左と上右:床の傷んだ部分には丁寧な補修がなされている。大工の遊び心だろうか、秀吉公の馬印である瓢箪形の板をあてたものも散見される。　下中と下右:風化した柱。

具体的に見てみよう。

大きい。高くはないが広い。壁も建具もナシのガランドウだから、広さがことさら印象深い。外側の細い四角な柱で軒先を支えられた縁側をまず歩きながら、内側の太い丸柱に〝古代性〟を感じた。秀吉の時代は、すでに平安時代、鎌倉時代、室町時代を通過しているのに、径二尺ほどの丸柱が整列して建物をぐるりと囲む様は、法隆寺の廻廊や唐招提寺の列柱を思わせる。

列柱を強調するのは、柱の上に展開する木組の平坦さで、ふつうなら仏教寺院の常として、軒の出を支えるべく斗栱《ときょう》が前方斜めに出っ張り、柱以上の見所となるべきなのに、それがなく、出っ張るのは木鼻のみ。斗栱の出っ張りの欠如が、視線を柱にふり向ける。

縁を一回りして堂内に入ると、ここにしかありえない建築の光景が待っていてくれる。

まず下に目をやると、厚い床板が千畳敷となって広がり、太い丸柱が立つのだが、床板は荒々しく、柱も時にねじれ、肌も粗い。石造とちがい、〝廃墟の美〟を醸す木造建築を見たことはないが、ここには片鱗があり、私の手がける木造も、いつの日かこうなってほしい。

上に目をやると、柱の上端には、山から伐り出したままの、丸太を使った太い梁と桁（長手方向の梁をこう呼ぶ）が載り、四方に向かって水平方向に走る。さらに、その上の暗がりをのぞくと、細い角柱が立ち、柱の腹を貫いて何段もの貫《ぬき》が水平に伸びる。柱と梁（桁）が組んで出来る構造体の上に、それと切れて、小屋組の構造が載っているのが分かるだろう。こうすれば、貴重な太い柱を、屋根まで延ばさなくて済む。これこそ、日本の木造の構造上の特徴にほかならない。

ふつうは、天井が張られて隠れているが、途中で工事が止まったおかげで、ここにしかありえない光景が生まれた。木造なのに、石造に通じるような存在感を漂わせ、その一方、石造ではありえない開放感がある。

左:「王」の字が象られた軒瓦。太閤秀吉好みの金箔が押されている。
右:向かって右手の丸柱と柱の上の組物の出がない点に注意。左手には軒の垂れを防ぐために極めて異例な角柱が立てられている。

構造学者の眼から見た木造遺産――千畳閣

平安時代の書物では、大規模な建築は「大屋根」と表記されていたが、当然木造建築である。雨が滑らかに屋根を流れ落ちるためには、屋根葺き材に応じて適切な勾配が必要とされる。茅葺き屋根では、矩勾《かねこう》配《ばい》と呼ばれる10寸勾配(水平方向10寸に対して10寸立ち上がる)の45度が標準的である。瓦葺きでは、勾配が少し緩くなり、4寸勾配の約21度が標準的となる。勾配が一定であれば、建物の大きさが大きくなると、勾配に合わせて屋根の高さ(棟の高さ)は必然的に高くなる。この屋根の大きさが、木造建築の正面、側面からの量感を生み出す。正面から見る屋根は、奥行方向に勾配があるため、実際より低く見えがちであるが、側面から見ると、その量感を実感しやすい。

大規模な建築では、木割に応じて太い部材が用いられる。太い柱は大きい屋根を支えるとともに、傾斜復元力(柱が傾くと元に戻ろうとする力)により、地震の力に抵抗することもできる。小屋組(屋根構造)の太い梁、はね木は大屋根と深い軒を支えることになるが、小屋組は野《の》物《もの》とも呼ばれ、通常は天井によって隠されている。ところが天井が張られていないこの建物では、普段見えない架構が現しにされているので、力の流れが明快で、その力の大きさに応じて用いられる部材断面は、それ自体を、架構美として実感することができる。

自然材料である木材にとって、太い材は、成長に時間がかかる高価で貴重な材であるため、重要な構造部材に用いられることになるが、普段見えない部分では、製材せずに丸太やたいこ材として、自然の形に近いまま用いられる。伝統木造建築では、自然材料を用いた建築として、材料の成長時間を尊重し、成長時間と同等、またはそれ以上の時間を、建築で活用していくことが目指されている。(腰原幹雄)

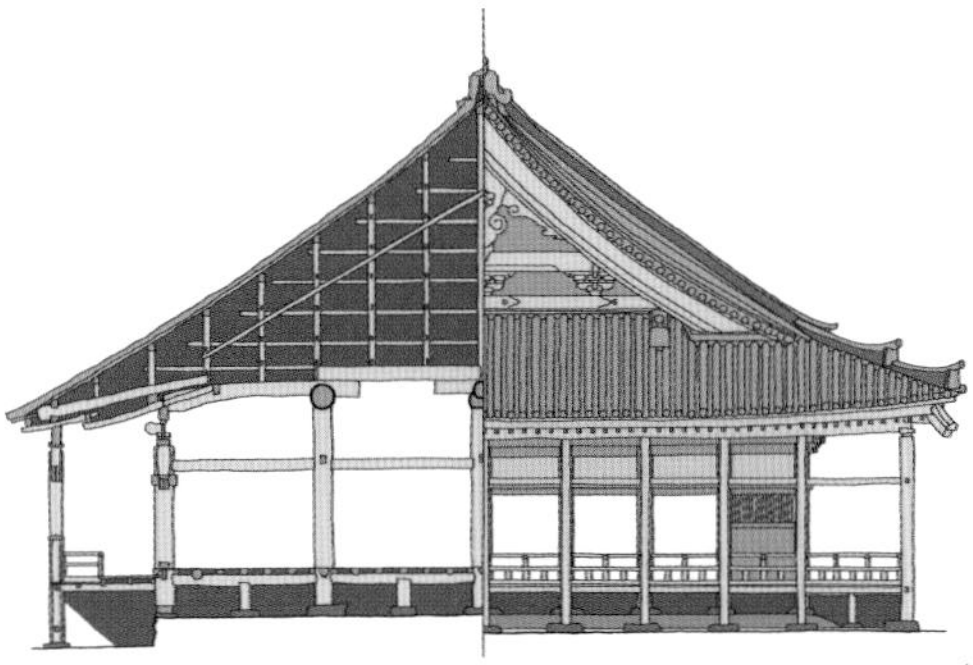

妻側立面図、断面図

真言宗智山派

成田山新勝寺 三重塔

江戸の棟梁彫刻ここに極まれり、日本一絢爛豪華な三重塔

若いころ、初めて成田山を訪れ、本堂の右手の三重塔を眺めた時、日本にこんな塔があったのか、と反発心含みでたまげた。日本の木造建築の美しさは屋根にあり、その屋根を下から支える軒の作りに宿る陰翳は、日本の木造建築のポイントと教えられ、自分もそう思っていたからだ。その大事な陰翳を、極彩色と彫刻で煤払いのように払うとは、『陰翳礼讃』の著者が知ったら何というだろう。

久しぶりに訪れ、見上げると、青空を背に極彩色の広い軒が一重、二重、三重と重なって上へと積み上がり、これはこれで晴れやかで、クラクラするほど美しい、と自分の美意識が洗い直される思いがした。

陰翳が消えたのは、陰翳の宿主ともいうべき木の肌が、極彩色の彫り物によりことごとく隠されてしまったことによる。彩色してもしなくても建築用の装飾彫り物を〝絵様《えよう》〟といい、もともと極一部に取り付いていた。その急拡大が起こったのは安土桃山時代で、欄間や海老虹梁《えびこうりょう》や蟇股《かえるまた》や門扉の板などを極彩色の彫り物と金色の金具で覆い、信長の安土城や秀吉の聚楽第が出現する。

しかし、この過飾化の勢いはそこで止まらなかった。建築における変化は、日本でもヨーロッパでも一たび起こると行くところまで行き、この先は〝もう建築ではない〟という地点まで行かないと止まらない。

信長と秀吉により始まった過飾化は、日本の木造建築の芯棒ともいうべき柱そのものには及ばな

三重塔西面。塔の高さは約25㍍。1712年に建立の後、5回の修理復元を経て今に至る。重要文化財。2008年の大開帳に合わせ、漆塗の彩色の修復が施された。右手奥にあるのは一切経堂。

成田山新勝寺 三重塔

千葉県成田市成田1番地　お問い合わせ / ☎0476(22)2111

かったが、徳川幕府三代目家光が祖父の時代へのオマージュとして造営した日光東照宮において、ついに柱身に紋様が刻まれ胡粉で純白に塗られた。軒の陰翳も、垂木《たるき》に漆が塗られ垂木尻に金の金具が取り付くことで、払われる。過飾化は日光東照宮をもって行くところまで行き着く。

その先はもう無い、はずだった。ところが、成田山の三重塔は、その先に爪先をかけているではないか。さらに進むと、絵や晴着の領分に移ってしまうにちがいない。

日光東照宮の軒の作りも、垂木を漆と金の金具で包んではいるが、軒を支える垂木そのものが消えたわけではないし、下がり気味に凸凹する垂木の作りも、見上げた人の目を奪うほど明るく印象深くなったわけではない。軒を支える垂木である限り、そんなことは不可能。

「だったら垂木を止《や》めたらどうか」と、日光東照宮のおよそ70年後、成田山の境内で、誰かが中興第一世貫首《かんす》 照範《しょうはん》上人と、常陸の国の棟梁 桜井瀬左衛門の耳元で囁いた。

かくして、正徳2（1712）年、空前にして絶後の木造建築が出現する。

垂木を裏に隠し、その表に厚い板を張り、板に極彩色の雲と水の図柄を刻んだ。尾垂木は金色の竜の姿と化しているから、竜が水から出て雲を巻き起こして天へと昇る姿。

塔の中も普通とは少し違う。仏教の塔は中心に芯柱と呼ばれる太い柱が立つが、ここでは柱は見えず、代わりに、空海が中国の絵の曼荼羅を仏像を使って立体化した立体曼荼羅が据えられ、中心には大日如来が、周りには諸仏が配される。立体曼荼羅の背面を裏から覗くと、大きな色鮮やかな日輪が板に描かれている。太陽に由来する大日如来が中心に座すのは、成田山の信仰が空海を宗祖とする真言宗に基づくから。そして、この立体曼荼羅の上に架かる梁の上に芯柱は立ち、上端の相輪まで延び、その先には青空が広がり、太陽が輝く。

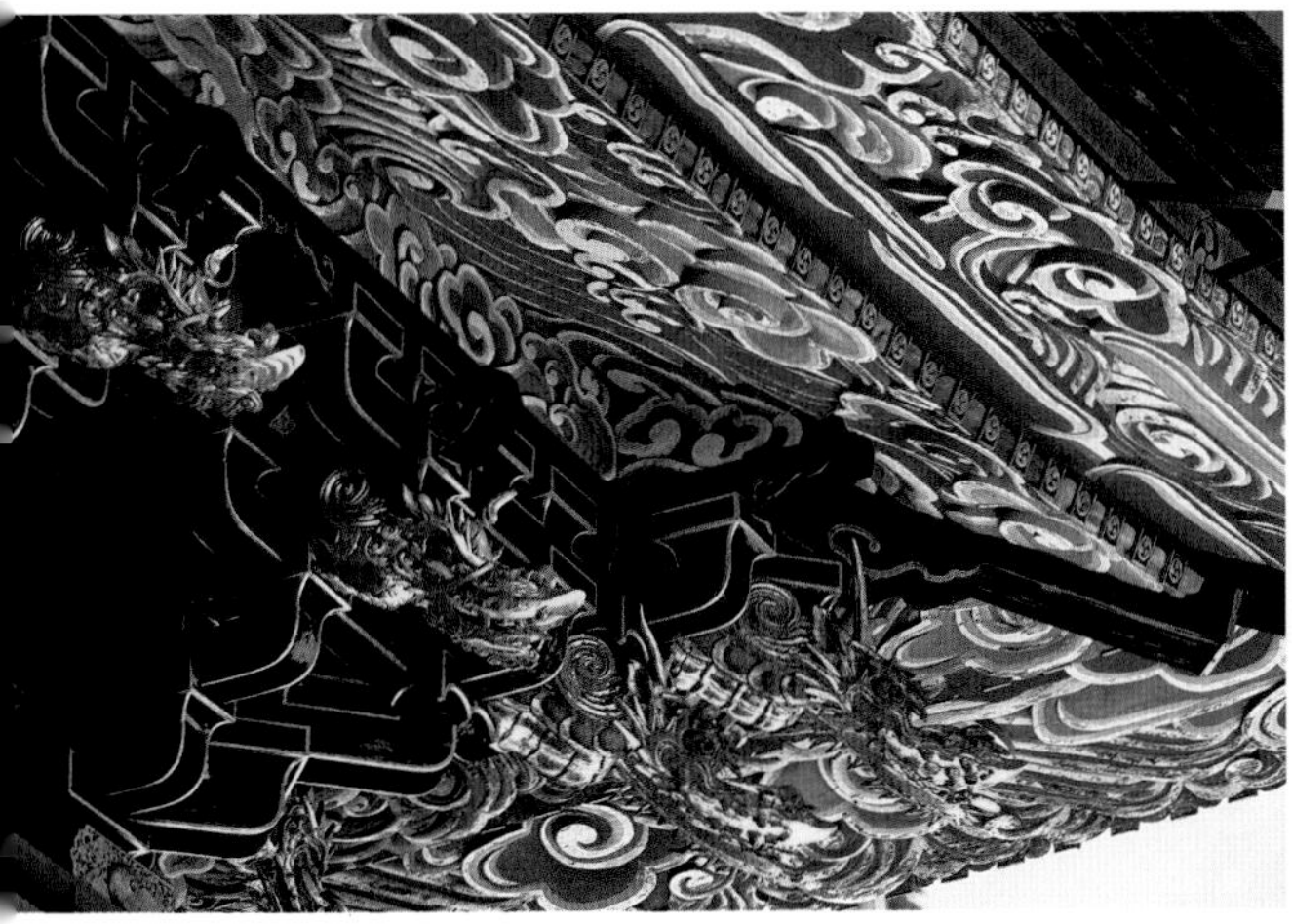

左：二重、三重は出組の彩色が黒漆に金縁。　右：今にも飛び出してきそうな竜頭。竜は水神として塔を火災から守っている。
右頁：三重塔の南東角。各重の尾垂木の先端には金彩を施した竜の丸彫りが飾られ、軒裏は深く雲水文様が刻まれ彩色された「一枚垂木」で覆われている。

それにしてもどうして、棰木を隠すまでして、建物のすべてを極彩色の彫り物で飾るような真似をしたのだろうか。誰が住職や棟梁に囁いたのか。

成田山を訪れると、本堂と三重塔に至るまでの参道に、たくさんの石碑や石造物が並び、由緒の深そうな寄進者の名が刻まれている。主なのは、〝火消し〟と〝魚河岸〟と〝歌舞伎〟の関係。江戸歌舞伎と成田山の長く深い縁もよく知られていよう。

火消し、魚河岸、歌舞伎とくれば、これはもう江戸の町人文化の三本柱にして、クリカラモンモンの総身彫り。囁いたのは、江戸の町人文化だった。三重塔が出現した江戸中期は文化や芸術表現の日本列島における重心が、京から江戸へと移り始めた時期に当たる。

上：仁王門横にある燈明台（1894年建立）で明治期に活躍した建築家、佐立七次郎作（上部は東日本大震災で被災）。　下：寄進者には市川團十郎をはじめ、市川猿之助、市川染五郎など、名だたる歌舞伎役者が名を連ねる。

南東の角柱。屈輪《くりもん》文が地紋彫りされ、金彩が施されている。

塔内に南向きに安置されている五智《ごち》如来。この度特別に撮影が許された。
大日如来を中心に右から、阿閦《あしゅく》如来、宝生如来、阿弥陀如来、不空成就如来(通常非公開)。

構造学者の眼から見た木造遺産──成田山新勝寺 三重塔

極彩色に彩られた三重塔。見上げると三重の軒に雲水文の浮彫りが施され平彩色がなされている。通常、軒裏に規則正しく並ぶ垂木はなく平面的な板軒になっている。板軒は、一枚板ではなく厚さ72ミリの松の板を横方向(軒の出方向)に並べてできている。板同士は胴付矧《どうつけはぎ》に太枘《だぼ》を入れ、蟻枘《ありほぞ》の吸付桟《すいつきざん》で矧《は》いで大きな面を構成、この面を吊木で力垂木から吊ることで軒裏ができている。外からは見えない軒の内部にある通常の垂木より太い力垂木が、軒の荷重を受けている。

極彩色の軒裏とは別に柱、頭貫《かしらぬき》、台輪などの軸部は、黒と赤が主に使われている。二重・三重の柱は赤漆塗りであるが、初重の柱は溜塗と呼ばれ、赤く見えるが、実際は、赤漆で中塗りした上から半透明の春慶漆で上塗りをして、赤色が透けるように塗られている。欅材の木目を際立たせる塗り方でもある。

彩色は、単に意匠的な理由で施されるだけではない。基調となっている赤は、水銀を混ぜた水銀朱と鉛を混ぜた丹朱を顔料として使用しており、場所によって色の微妙な違いがある。水銀も鉛も毒性があるが、これが木材の防腐剤としても働くことになる。また、丹塗は塗膜が多孔質のため適度な通気性を有し、木材内部の水分は塗膜を通して緩やかに移動することもできる。外部に用いられる木材の弱点は木口(断面)であり、木口からの水分の移動が腐朽の原因になりやすい。この塔にはないが、白木の建物でも垂木や組物の木口が白く胡粉塗りされているのは、木口からの吸水を避け、耐久性を向上させるためでもある。それでも、塗装だけで雨水を避けることはできず、深い軒が直接雨がかりになるのを防いでいる。

意匠、構造、耐久性を同時に解決してきたのが伝統木造建築である。(腰原幹雄)

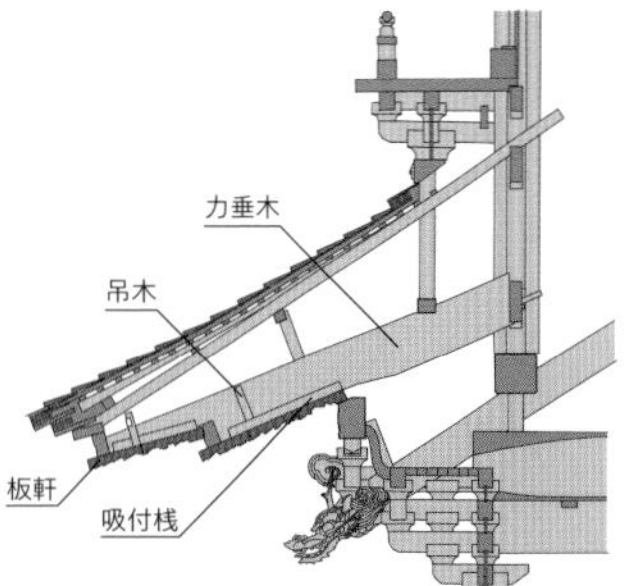

初層軒先断面図

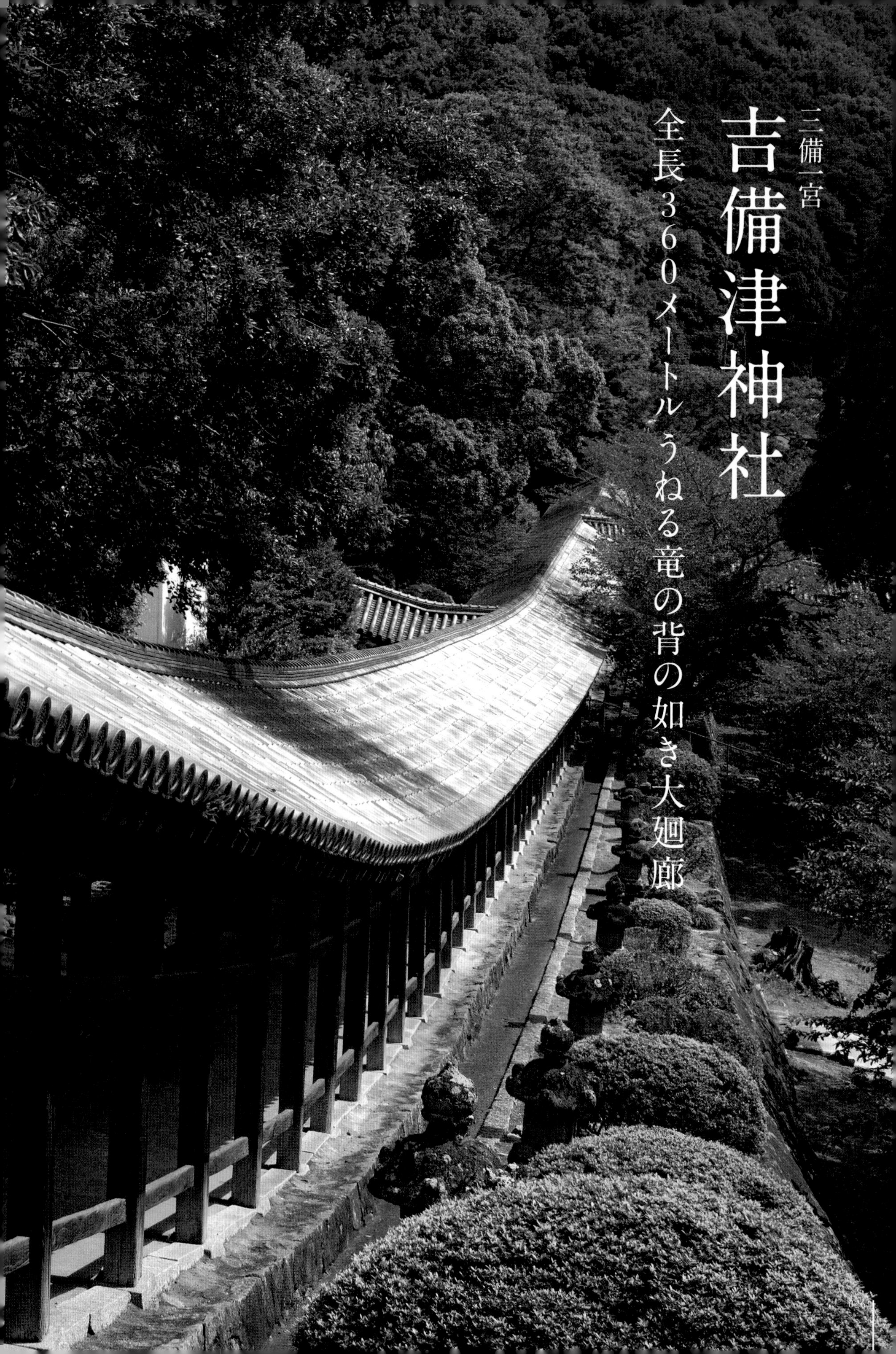

三備一宮

吉備津神社

全長360メートルうねる竜の背の如き大廻廊

本殿の西側にあって、地形に沿って北から南へ緩やかに下る。現在の廻廊は、安土桃山時代、天正7(1579)年に再建された。両下造《りょうさげづく》りの本瓦葺《ほんかわらぶ》きの屋根は全長360㍍続く。県指定重要文化財。

吉備津神社

岡山県岡山市北区吉備津931　拝観時間/5時～18時
ご朱印や授与所の受付時間/9時～16時(但し、ご祈祷は14時まで)
お問い合わせ/☎086(287)4111(吉備津神社社務所)

一目見て記憶に残る姿をしている。堂々たる大きさといい、入母屋造の屋根を二つ並べた珍しい工夫といい、知らなければ、仏教寺院と思うだろう。今の建物が再建された室町時代の中頃、寺院にくらべ、神社は規模も小さくかつ簡単な造りがふつうだったからだ。外見からこれが神社と分かるのは、屋根のてっぺんからのぞく勝男木《かつおぎ》と千木《ちぎ》の二つ。

とりわけ見事なのは屋根の反りで、水平方向にスーッと長く伸びた後、端部がわずかに持ち上がって止まり、刀の切っ先を思わせる鋭さと優雅さが同居する。こうした屋根の美しさは、寺院の瓦葺きにも民家の茅《かや》葺きにもない。神社の檜皮《ひわだ》葺きにのみ可能な秘技にほかならない。

檜皮は世界の建築史上きわめて例外的な屋根葺き材で、中国でもヨーロッパでもどこでもちゃんとした建築は昔から焼いた瓦で葺くというのに、なぜか日本では樹の皮で葺く。海外でも北欧などの山小屋や古いタイプの民家に樹の皮を使う例はないではないが、日本では古くは奈良の宮殿に、後には京都の御所に、さらに全国各地の歴史ある神社に使われて今にいたる。

もちろん雨に強く扱いやすい檜の皮がたくさん採れたこともあるが、それ以上の理由がなければ、長い歴史の中ではより合理的な瓦葺きに変えられてしまったにちがいない。その証拠に、江戸時代の京都の御所は長く瓦葺きであった。現在の御所は幕末の王政復古の動きの中で檜皮に変えられている。

神社が檜皮を捨てなかったのは寺院の瓦と区別するためもあろうが、それ以上に自然の素材をまとうことの宗教上の正当性が大きかったのではあるまいか。日本列島の信仰は元をたどると山や川や岩や樹といった目立つ自然物に精霊が宿るのを認めるところから始まり、やがて神社という形に結実している。古の人々は檜の薄い皮にも、小さな精霊を感じていたのだろう。森の緑の中に檜皮葺きの屋根を見る時、瓦葺きよりずっと木々に馴染んで見える。

吉備の中山の西麓、緑深い森の中にある本殿。檜皮葺きの入母屋造が2つ連なる比翼入母屋《ひよくいりもや》造は世界にたった一つしかない特異な構造で「吉備津造」とも呼ばれる。手前には森の間から長い廻廊が見え隠れする。

上：まっすぐに続く廻廊。柱、梁、束《つか》、棟木、桁、垂木、貫《ぬき》などからなる木組の構造をじっくりと観察することができて、興味深い。　下：廻廊の再建は天正7(1579)年。備中一円からの寄進による。地元早島出身で石見銀山の鉱山主・安原備中守知種《やすはらびっちゅうのかみともたね》もそのひとり。寄進後、最大の産銀量を誇る釜屋間歩《かまやまぶ》を発見したと伝わる。

吉備の国といえば、桃太郎とキビ団子と吉備真備《きびのまきび》くらいしか浮かばなかった学生時代に初めて訪れた時、なぜ、この地にこれほど見事な神社が作られたのか謎だった。トコトコ電車で出かけると、あたりには水田が広がり、中腹に神社の位置する山も低く、ありふれた姿をしている。

しかしあれこれ学んだ今はちがう。大和朝廷成立の時期、吉備が出雲と同じような力を持つ重要な国だったことを、さらに時代はだいぶ下り、かの秀吉の〝中国大返し〟で名高い備中高松城が、このすぐ近くにあったことも知っている。

その吉備の国の中心に位置する神宿る山を中山といい、その中腹に祀られたのが吉備津神社だった。本殿のさらに奥の林に入ると、いくつかの大きな岩磐《いわくら》が座しているし、地付の神を祀る岩山宮という小社もある。

神社と寺院の違いの一つに、参道がある。もともと神社は、人里離れた山の奥や森の中を聖地としたから、地形の凹凸に沿ってアプローチが生まれ、その変化に富んで長い参道が人々の気持ちを高める働きをしたのに対し、山岳寺院を除くたいていの寺院は、短く広くまっすぐの参道をよしとし、参拝者の心を建築と仏像の二つによって、摑んだ。

神社にとって参道は、時には本殿以上に大きな働きをしてきた。

吉備津神社には二つの参道があり、一つは長い松並木を抜け、急石段を上って本殿に正面からアプローチし、もう一つは、かつては遊郭もあって栄えたという門前町からのアプローチで、山腹にたどりつくと、石段ではなく坂道となり、本殿の裏にいたるが、この参道には瓦屋根がかかる。長い長い瓦屋根の廻廊が山の地形に沿ってうねりながら続く姿は、瓦が竜のウロコのようにも見え、本殿と同じように一目見て記憶に残る。近年増えたという若い男女の参拝者が、本殿参拝の後、長い廻廊を下って、また戻ってくるのがほほえましかった。

本殿側面。地形の傾斜を補正するための高い白漆喰塗りの亀腹《かめばら》(基壇)の上に建つ。
前面(右側)に拝殿が続いている複合社殿であり、神社建築としては圧巻の規模を誇る。

構造学者の眼から見た木造遺産——吉備津神社 回廊

廻廊のように、規則的に長くつながる建物では、個々の単位架構の構成が決まればあとは、それを繰り返していけばよい。

架構の中を歩いて通り抜けていく廻廊では、まず短手方向の架構が基本となる。屋根を支えるだけであれば柱があればよいが、地震や風などの水平力に抵抗するためには、柱と梁による門型の架構が必要となる。門型の架構では柱と梁の接合部の性能が重要となり、木材同士を巧みに組み合わせて仕口《しぐち》を固定していく必要がある。緊結するために大きな梁を柱に差し込むと接合部の枘穴《ほぞ》が大きくなって柱が折れやすくなり、むしろ弱点になってしまう。また、部材は一方向だけでなく、直交方向からも接合されるため、部材の接合する高さを変えて柱の断面欠損を小さくしている。

長手方向は、人の出入りがなければ、大きい梁でなくても、断面の小さい(薄い)貫を何段にも入れていけば水平力に対して強くすることができ、開放性と耐震性の兼ね合いで貫の段数が決まる。人の出入りが必要な場合には、貫を省略する代わりに梁を架ければ、大きな開口も可能である。横架材の本数が減る分、部材の断面は大きくすればなるが、ここでは、開口の高さを確保しながら柱の断面欠損を小さくするために、直交する梁と梁せいの半分が重なる高さで配置している。

規則正しい木割の単位架構のシステムと、その単位を組み合わせることにより、全体としては複雑な地形に合わせた変化に富んだ曲線状の形状を実現している。単純な仕組みとその変化で、自然に対応してきたのが伝統木造である。(腰原幹雄)

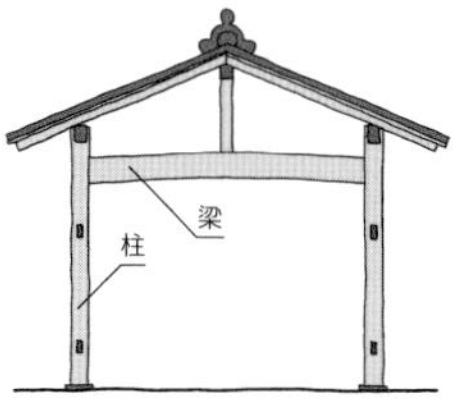

短手断面図

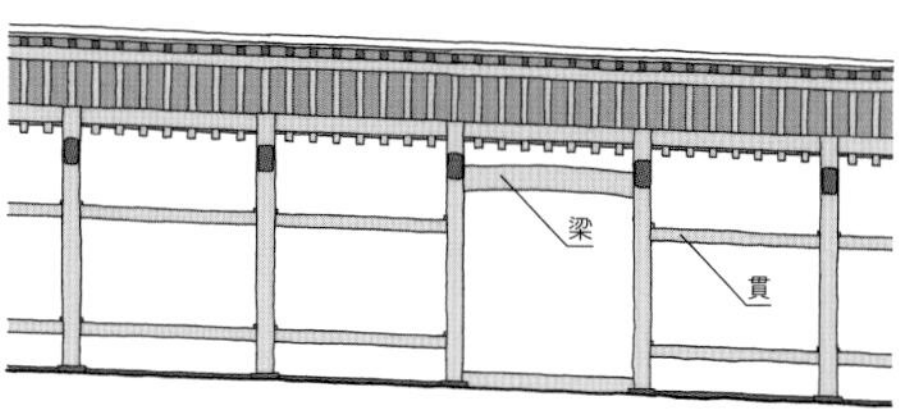

長手断面図

「糸のまち」の近代和風建築

臨江閣 本館

前橋の絹産業繁栄を物語る明治の木造迎賓館

1階主屋の「一の間」から縁側を見る。主屋は4間あり、廊下を挟み少し下がって、棟続きで奥座敷があり、「一の間」と「次の間」がある。縁側が鉤の手に巡っているため、角部屋になるそれぞれの「一の間」は明障子を開け放つと、2方向の景色が楽しめる。

臨江閣 本館
群馬県前橋市大手町3-15　開館時間 / 9時～17時（入館は16時30分まで）
見学無料　月曜休館（祝日の場合は開館し直近の平日が休館）
お問い合わせ / ☎027（231）5792

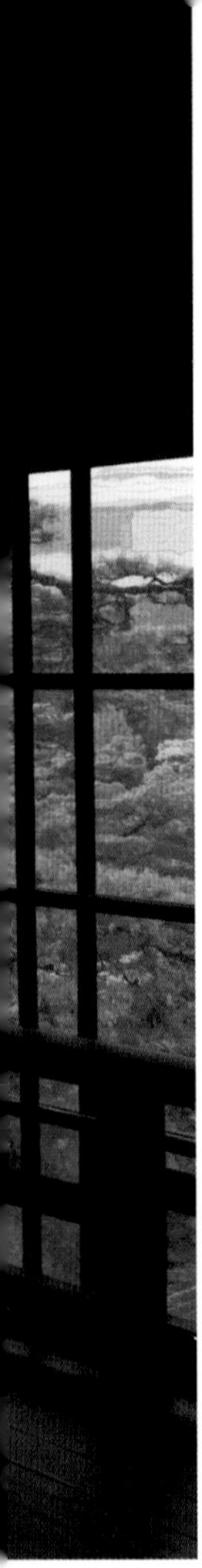

群馬県の前橋に〈臨江閣《りんこうかく》〉と呼ばれる建築がある、と聞いたとき、思考の焦点が結ばず、なんで前橋に、国の重要文化財に指定されるような伝統的木造建築があるのか、と訝《いぶか》しく思った。

まず〈臨江閣〉の名から。利根川の流れに面した丘の上に建ち、関東平野を悠然と流れる様を間近に望む立地から名付けられている。関東一円を繋ぐ利根川と越後と関東を結ぶ三国街道は前橋の地で交わり、かつ織物の町として大いに栄えているから、そこに〝閣〟と名付けられるような和風の建築が建てられてもおかしくはない。でも建てられた時期は明治17（1884）年で、県の迎賓館として作られたと聞き、また分からなくなる。明治17年などという、新しい経済がまだ実らない時期の、政治的にいえば憲法発布前に、県は誰を迎えようとして迎賓館を計画したのか。予想はつかないでもないが、見に行かねばなるまい。建設の事情を明らかにしなければなるまい。行って、見て、あれこれ分かった。

建設をリードしたのは、群馬県の初代県令（県知事）を務めた楫取素彦《かとりもとひこ》という政治家で、地元の有志や実業家から寄付を募って実現しているが、群馬の初代県令ということは、なかなか複雑な舵取りを迫られたにちがいない。なぜならこの地は、江戸時代より、小藩が分立し、中に幕府旗本なんかの領地が分散混在し、統一的統治が難しく、幕府も〝関八州取締出役《かんはっしゅうとりしまりしゅつやく》〟を設けたりするが、〝赤城の山も今宵限り〟の国定忠治の活躍を抑えることにてこずっている。

楫取県令の最初の舵取りは、前橋と高崎のどっちに県庁を置くかであったが、生糸産業の繁栄で経済的に豊かな前橋にしたのが明治14年、それから3年しての迎賓館だから、私の予想に反し、思いのほか間が空いている。

私の予想は、明治天皇の各地巡幸に合わせての迎賓館建設だが、明治9年の奥羽巡幸ではお寄りにならず、明治11年の北陸東海巡幸に際しては、前橋においては生糸関係施設にお泊まりになり、やっと

東から西へ縁側を見通す。

「次の間」から主室の「御座所」を見る。

「御座所」から外の眺めを見る。中央に座ると座敷角の柱と縁側の角柱が重なり、視界を遮らないよう工夫されている。竣工当初ガラス戸はなく縁側に高欄が廻るだけで、当時は正面に利根川が見えた。

2階。20畳の「次の間」の東側から縁側を見る。奥が12.5畳の「御座所」。

明治26年、利根川上流域での陸軍大演習の時、臨江閣を宿とされている。ということは明治11年、群馬県内では新町（現高崎市）と松井田町（現安中市）にお泊まりになった際、前橋にもちゃんとした迎賓館を作らなくてはと痛感していた楫取県令が、明治17年に臨江閣を用意し、およそ10年して明治26年に、長年の望みがかなった、のではあるまいか。

現在見ると、御簾が掛かり明治宮殿ふう電灯が点っているが、いずれも竣工時のものではない。竣工時の造りは極めて簡単だから、現地の解説のように〝数寄屋ふう書院造〟と考えがちだが、専門的にいうと数寄屋の要素はなく、〝質素な書院造〟とするのが正しい。楫取県令が天皇をお迎えすべく作った、という推測が正しいとすると、こんなに地味で大丈夫だったのかとの疑問を抱く読者もあるかもしれないから述べておくが、こんなに地味でこそ、天皇の意にかなった。

若き明治天皇は、西郷隆盛の基本方針に従い、京の公家世界から近代の馬上の君主へと性格を変えるよう教育され、自らも質実剛健を旨とし、極寒期にも火鉢三つで過ごされているほど。明治天皇の過ごされた各地の御用邸を訪れると、もう少し派手に雅《みやび》でも……。

明治17年の伝統的木造住宅に、どれだけ明治以後の近代的要素が入っているのか、についても述べておこう。

玄関の正面にガラスの引き戸があり、宿泊用に使われた2階を見ると、床の間のある主室と次の間の〝続き間〟からなり、次の間の障子の中央に小さなガラスが嵌められている。なお、廊下の外側にガラス戸が今は入っているが、明治26年の段階ではなかったことが分かっている。風雨の時は、雨戸を立てて、昼でも暗い中でしのぐのが、明治期の日本の伝統的な住まい方だったし、貴顕紳士の邸宅もそうだった。

床の間のある主室の障子にはガラスも嵌まっていないのは謎だが、何か理由でもあったのだろうか。

住宅という建築種は、公共建築や記念碑的建築と基本的性格が異なり、公共や記念碑が〝意識の器〟であるのに対し、住宅は〝無意識の器〟。生活がらみのさまざまな理由は日が経つと忘れられやすい。

左：「奥座敷」側から見た外観。こちらから見える主屋の角部屋が「一の間」。能舞台にもなる。　右：東にある別館から渡り廊下越しに本館を見る。

前庭から見た本館正面。右に別館があり、渡り廊下で繋がる。
本館は木造2階建て入母屋造の桟瓦葺き、2階下屋庇は柿葺《こけらぶ》き。続く奥座敷は木造平屋建ての寄棟造、桟瓦葺き。

構造学者の眼から見た木造遺産——臨江閣 本館

本館の1階表座敷は、西から「一の間」、「次の間」、「三の間」、そして入口に近い「控えの間」の連続する4つの間からなっている。奥の一の間には、西北隅に床の間が矩折《かねおり》につけられていて、14畳に床の間を入れると15畳になっている。畳をあげると床板は、板幅1尺1寸（約33㌢）で厚さ9分（2.7㌢）の表面が上鉋《じょうしこ》仕上げとされた松板が敷き詰められている。通常、畳下の床板は、「荒板」と呼ばれる鋸でひきだされたままの跡が残る板が無造作に敷き詰められるが、ここでは板同士が本実矧《ほんざねは》ぎとされ、板は反り狂いを防ぐために吸付き桟差しで、釘打ち、さらに手違鎹《てちがいかすがい》を用いて根太《ねだ》に引き付けられている。床下の土間は、砂利地業《ちぎょう》の上に漆喰叩きが施され、口径約40㌢、深さ約70㌢もの大きな甕が5個、口を上にして地中に埋め込まれている。この甕は音響効果をあげるもので、舞台上の演者が踏む足拍子などで発生する空気振動が、甕の空洞の中に伝わり、いろいろな方向に反響することで、深みのある音を作りだすと言われている。つまり、建物の座敷が畳をあげることで、板敷の舞台となり、奥座敷の縁側を橋掛かりとして使用すれば、能舞台に変化するように作られているのである。

柱梁の軸組と床や建具によって組み立てられる伝統木造は、襖などの建具を取り外すことで、小さい座敷が続き間となって大きな座敷に変化するなど、空間の大きさを変えるだけでなく、床の仕様を変えることによって、機能も変化させることが出来るのである。

建物の構成要素の組み合わせによって、変幻自在に空間を変化させることが出来るのが伝統木造である。（腰原幹雄）

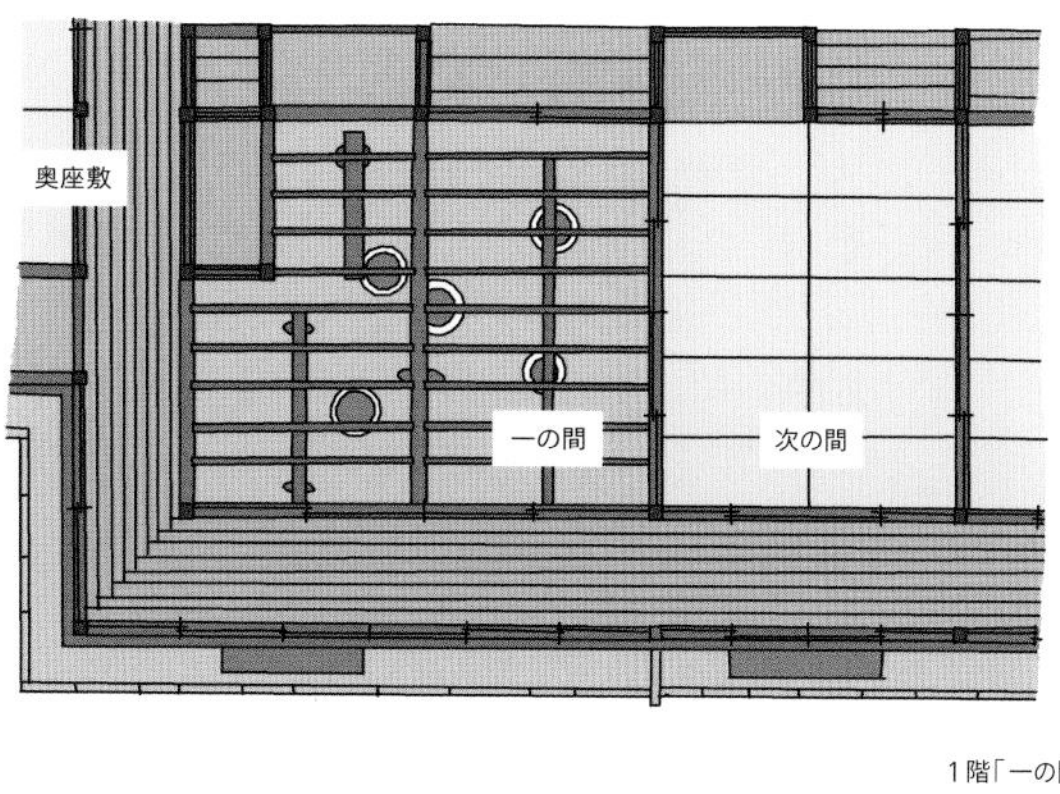

1階「一の間」の俯瞰図

華厳宗大本山

東大寺 南大門

古建築界の革命児、重源造立の威風堂々

東大寺参道の正面に建つ南大門（南面）。基壇から大棟までの高さは25㍍を超える。雄渾な印象は、ひとえに軒先の作りに由来する。

東大寺 南大門
奈良県奈良市雑司町406-1　お問い合わせ / ☎0742(22)5511（東大寺寺務所）

日本の古社寺は、ふつうの人にはやや困ったところがある。

ヨーロッパの歴史的宗教建築であれば、古代ギリシャやローマの神殿の正面には列柱が付きものなのに、中世のキリスト教会は列柱を欠き壁が立ち上る、といったように誰でも一目で分かるのに、日本の場合、法隆寺から江戸の社寺まで同じような丸い木の柱が並び、いつの時代の何という様式かも判別不能。

そんななかでわれわれ建築史家は、立ち並ぶ柱ではなく柱の頂部を見上げ、頂部の作りで時代と様式を判別する。頂部には〝軒組〟とか〝組物〟と呼ばれる凹凸した作りがあり、時代とその社寺の来歴により異なるからだ。

しかし、柱の頂部の作りも時代と形が錯綜し、ヨーロッパ建築史のように簡単にはいかないのが現実だが、個性の際立つ一群がある。一群といっても今はわずか数棟が残るだけだが、東大寺南大門と浄土寺浄土堂。後者はすでに初編で取り上げているので、今回は南大門について。

奈良時代に作られた東大寺は、源平の合戦のなかで平家に焼き討ちされて焼失したが、勝って鎌倉幕府を開いた源 頼朝は、東大寺再興に力を尽くし、東大寺側にあっては俊乗坊重源《しゅんじょうぼうちょうげん》が〝大勧進〟と呼ばれる再建総責任者に就く。大勧進の仕事は、大仏と建築の再建のための資金集め、材料調達、技術指導などなどのすべて。

法然上人と交流があり、すでに高野山に隠居し、60代に入りかけていた老僧が呼び出されたのは、宋に3回も留学し、進んだ宋の学術を体得していたからだった。加えて人格ゆえに違いない。そう私が確信するのは運慶が彫ったと伝わる国宝〝重源上人像〟の強烈な面構えと対面したからだ。その表情は、「仕事のためなら何でもしてみせる」と語っている。仏師運慶が実際に会った人を刻んだのは重源だけかもしれないが、対象の内面をちゃんと写している。

左：門の真下に立ち見上げると迫ってくる柱を貫く“貫《ぬき》”の群れ。中国の伝統では天井を張らないから、群れがよく見える。

右頁：西南の隅を見上げたところ。隅行の肘木はひときわ長く迫り出し、5.7㍍にも及ぶ。垂木を放射状に並べる扇垂木も大仏様《だいぶつよう》の特徴の一つ。

南大門を通る時、重源の指揮下で運慶が手がけた仁王像をまず見るのはいいとして、その後、足を止めて門の内と外から柱の上方を眺めてほしい。そこには、見たことのない雄渾でモダンな作りが展開しているだろう。

それまでの寺院のように短い木材を複雑に組み合わせた軒の組物は消え、代わりに目立つのは屋根の上までまっすぐ伸びる柱と、柱から突き出したり柱を貫いたりして水平方向に宙を走る何本もの細長い材。

一つ柱を貫いて横のもう一つも貫く水平材のことを〝貫《ぬき》〟という。貫を通し楔《くさび》で締めて柱と貫を一体化すると、地震による水平力への耐性は一気に向上する。

日本における貫の起源については弥生時代の高床式建築とする説もあるし、法隆寺では柱の頂部にのみ〝頭貫《かしらぬき》〟として通されているが、柱の中間という最も効果的な部位に使ったのは重源が初。こんなに入れなくても、と思われるほどたくさん通している。

貫は柱と柱をつなぎ、一方、柱から外に向かって突き出す水平材を〝挿肘木《さしひじき》〟と呼ぶ。一つ、二つ、三つ……8コで軒先に到り、もう一つその上に加えて軒の途中を支え、計9本で長大な軒の出を可能にした。

治承4（1180）年焼失時は60歳、建仁3（1203）年完成時は83歳、それから3年して86歳で入寂。長い長い日本の建築の歩みの中で、最初に個人名で登場するのが重源であり、もしかすると他分野も含め日本史上において個人の肖像と業績が、最初に疑いなく一致して現れるのも彼かもしれない。そのくらい日本人離れした個性の持ち主だった重源が亡くなると〝大仏様《だいぶつよう》〟と今は呼ぶ作りと様式は一気に衰退して消え、やがて東大寺も南大門などを残して再度焼失するが、しかし貫という耐震技術は今に伝わる。

重源が学んだのは宋の南方の福建省あたりだが、中国には同時代の寺院は残っていないから、何をどう参考にしたのか較べようがない。

左：南大門の威容。重源は宋から渡来した陳和卿《ちんなけい》の助けを得て、宋のスタイルを日本で実現した。
中：柱の太さはなんと直径1.5㍍。こうした檜の太材は近畿地方だけでは足りず、山口県からも瀬戸内海を通して調達された。　右：柱から水平に突き出す材を"挿肘木《さしひじき》"、それらを横につなぐのは"通肘木《とおりひじき》"といい、この2材が軒の印象を決めている。

撮影記

撮影当日はいつものとおり、俗物衆生のいない早朝に現場に到着。やがて、赤味を帯びた陽光が東の空を染め始めると、南大門も赤味を増し、何やら落慶当時の原初の趣である。南大門の先には、巨大な大仏殿が見える。大きいが、特に感じるものはない。

メインの写真は近づいて撮ったものではなく、遠くから望遠レンズで撮影したものだ。僕には、大きなモノほど離れて、望遠レンズで撮るという鉄則がある。それは、第一に、プロポーションが正しく見えるからだ。近くからワイドで撮ると、屋根の左右の持ち上がりが誇張されて、品位を失う。

重源が建立した遺構のうち、現存するのは東大寺南大門と浄土寺浄土堂の二つで、「東大寺南大門は単なる門でインテリアはないから、建築空間といえるのは唯一、浄土堂だけだ」というのが、建築界における一般的な常識である。

しかし、僕は南大門には立派な「垂直のインテリア」があると思っている。18本のヒノキの大円柱は長さ21m、足元の直径1m。まるで地球の重心とつながった鉛直線がそのまま地下から生えて地表に突き抜け、屋根裏まで達したような迫力で、天井と屋根を支えている。

見上げれば、何段にも及ぶ「貫」と呼ばれる水平材が、コレでもかというほど数多く縦横に組み合わさって、構造を支えている。隅の肘木をごらんいただきたい。6m弱の張り出しである。すごいとしか言いようがない。

建築というより、土木のスケールを感じる力強さで、「再び倒壊などさせてなるものか」という、重源のすさまじい情念を感じる。無理もない。構想した後、10年にわたって全国を行脚して資金を集め、現場で技術指導をして、つくり上げたのだから。

南大門は一見、2階建てのように見えるが、平たく言うと平屋である。二つの屋根の間に2階のスペースはなく、上の屋根を支える通し柱の途中にもう一つの屋根が付いているだけなのだ。2段目の腰屋根を加えた理由は、視覚的なバランスのためか、下部の雨よけか、よくわからない。飛行機好きの僕は、重源が過去の倒壊の経験から、強風による乱気流の渦を抑えるため、整流翼のような機能を持たせたのではないかと推理した。

東大寺南大門は日本伝統の木造遺産のなかで、最も敬意を感じるものの筆頭である。思い悩むことがあったら、東大寺南大門に行きなさい。(藤塚光政)

構造学者の眼から見た木造遺産――東大寺 南大門

東大寺の再建にあたって用いられたのが大仏様で、藤原時代の優美、繊弱に流れつつあった寺院建築が、その反動として構造的な美しさへの復帰が求められた中から生まれた。構造の原理に根拠を置き架構が再構成されている。基本は、太い柱を水平の貫によって結んだ単純な架構である。従来の斗《ます》が立体的に積み上げられた組物で支えられた屋根は、挿肘木を用いて平面的に構成された組物で支えられる。組物間は宙に浮いた通肘木によってつながれ、柱間には遊離尾垂木《ゆうりおだるき》が配置される。多重に設けられていた垂木は、飛檐《ひえん》垂木が省略され構造材の野垂木だけが残る。天井が張られないため、最低限にしぼられた構造材を現しでみることができ、力の流れをそのままみることができる。

大規模な建築を建設するためには多くの部材が必要になり工期も長くなり、材料である木材の調達にも時間がかかる。南大門では、この問題を解決するために部材の省略・再配置とともに、部材断面の規格化が試みられ断面形状が同じ部材が大量に使用されている。上部の大断面の虹梁《こうりょう》以外の地覆《じふく》、肘木、貫といったほとんどすべての水平材は幅7寸(約210ミリ)、せい(縦の厚み)1尺2寸5分(約380ミリ)である。工事の作業手間、部材調達を合理化するためと考えられる。単純化され合理化された構造形式は、現代建築の構造形式に通じるものがあるが、構造的合理性は自然材料である木材の架構としては、弱点を露呈してしまうことになる。木材は長期間、継続的に力がかかると少しずつ変形が進んでしまう。700年以上経過した昭和2年の修理では、肘木の変形によって軒が垂れ下がってしまい、当時、鉄骨による補強を施している。

さまざまな挑戦と試行錯誤で進化してきたのが伝統木造建築である。(腰原幹雄)

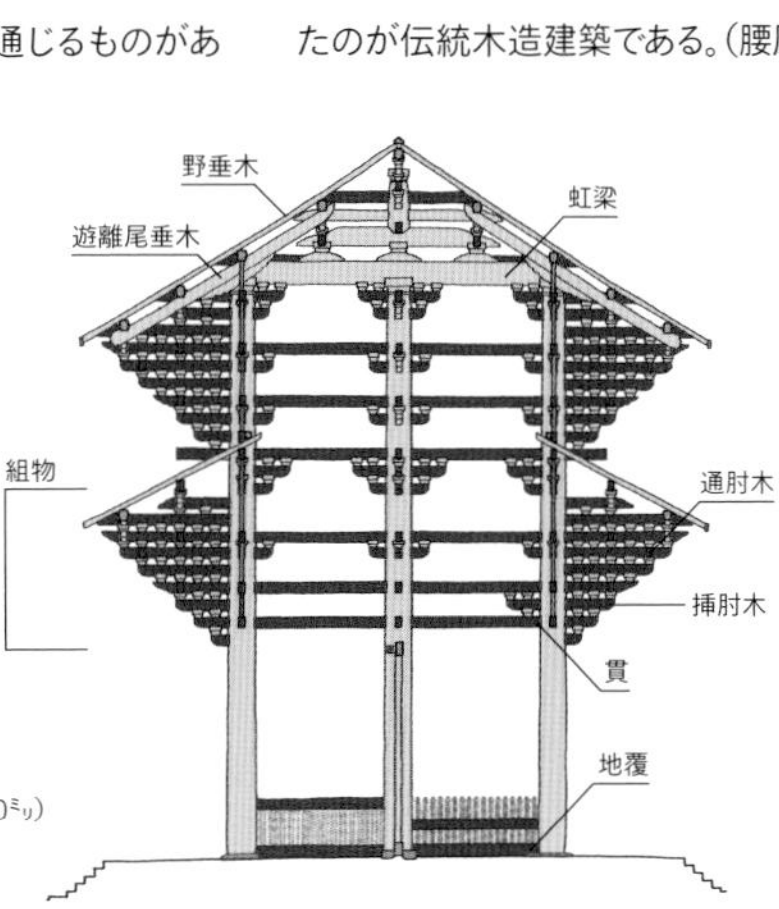

同一部材の配置
(赤で示した部材は約幅210×厚み380ミリ)

華厳宗大本山

東大寺 鐘楼

吹き放し型の鐘楼建築、最古の遺構

栄西は、宗教史上では日本に初めて禅宗をもたらしたことで、生活文化史上では『喫茶養生記』を書いて茶を広めたことでよく知られているが、加えて建築史上でも決定的な働きをした。

まず製材について。鎌倉時代以前、板は丸太を楔《くさび》で割り、手斧《ちょうな》で削って作っていたから、１本の丸太から２枚の板しか取れなかった。ところが鎌倉時代、宋から製材用の二人挽き縦挽鋸「大鋸《おが》」が伝わり、どんな丸太からでも簡単に大量の板と柱を製材することができるようになり、日本の木造建築の生産性は飛躍的に向上するが、この大ジャンプは、栄西が可能にしたと私はにらんでいる。なぜなら、大鋸による製材の様子を伝える現存最古の絵は、博多の聖福寺に伝わり、この寺こそ、建久６（１１９５）年、宋から帰国した栄西が、最初に創建した禅寺だからだ。

博多で聖福寺を建てた後、やっと認められて京に建仁寺を建て、ここから禅も茶も、そして大鋸も日本全国へと広まってゆく。栄西は、建築生産だけでなく、建築様式においても、新しい禅宗のスタイルを運んできた。これを〝禅宗様《ぜんしゅうよう》〟と呼ぶ。

残響時間の長さは比類ない。猛将といわれた朝比奈三郎義秀が撞いたところ、3日3晩鳴り止まなかったというエピソードを持つ。高純度の熟銅で作られており、通常より口径が広い。京都の知恩院、方広寺の鐘とともに、日本三大梵鐘のひとつ。

東大寺 鐘楼
奈良県奈良市雑司町406-1　お問い合わせ / ☎0742(22)5511(東大寺寺務所)

重源《ちょうげん》が東大寺再建にあたり、新たに宋から移したスタイルを〝大仏様〟といった。重源と栄西は宋の地で初めて出会い、まず重源が東大寺大勧進として〝大仏様〟を、次に、重源の後を受けて大勧進についた栄西が〝禅宗様〟を、相次いで、宋から日本へと移した。

鎌倉時代は武士の時代、武士たちの禅宗の時代にちがいないが、一方、平安時代からの貴族と仏教の力も、まだ十分余力を持ち、建築においても伝統のスタイルは続き、これを〝和様《わよう》〟という。

和様、大仏様、禅宗様の3スタイルがそれぞれ力を得て併存するのが鎌倉時代の建築。となると、

3スタイルの見分け方を、説明しなければならない。

まず、和様と二つの新スタイルの差から。柱が立ち梁（桁）がかかり、柱の上方に軒組（組物）が載るのは同じだが、これだけでは地震による水平力に耐えられないので、水平材を加えて、柱と梁からなる枠組構造をより強化しなければならない。和様では、柱の頂部の頭貫《かしらぬき》と、柱に外からあてがう長押《なげし》を用いている。

一方、新しい二つのスタイルでは、頭貫だけでなく柱の中央の芯を貫く水平材の内法貫《うちのりぬき》、時には礎石の上に地貫《じぬき》を差し通す。

大仏殿から二月堂への途中、通称「猫段」と呼ばれる石段を上った丘の上に建つ。一間四方の一重の建物で、入母屋造の本瓦葺き。
屋根の深い軒と軒反りが豪快。四隅の丸柱の両側には2本ずつ角柱が据えられ、柱間にも2本ずつ、計20本の柱が、梵鐘を支える。

釣鐘虹梁を支える2本の大虹梁のひとつの太さに驚く。直径は95㌢を超える。

大鐘は高さ3.86㍍、口径2.71㍍、重量26.3㌧。奥にある撞木《しゅもく》はケヤキ造り。

では、新しい二つのスタイルをどう見分けるか。

栄西が大勧進として建てた東大寺鐘楼の軒の組物を見てほしい。両端の柱の上だけでなくその間にも三つの組物がはさまっているのが分かるだろう。こうしたギュウ詰め状態の組物のことを〝詰組《つめぐみ》〟といい、禅宗様一番の特徴といっていい。

栄西により禅宗ならではの様式が移植され、これを初期とし、より洗練されて禅宗様が確立し、〈円覚寺舎利殿〉や〈永保寺開山堂〉が作られて今に伝わる。

確立時の禅宗様にくらべ東大寺鐘楼は、内法貫と地貫は過剰に突き出し、他の補助材も加わって、垂直と水平の線が強調され、各材も木太く武骨で、洗練とは無縁な木の生命力が溢れている。

単位空間あたりの木材の量でいえば、空前絶後にちがいない。建築の耐震性は、石、煉瓦、コンクリート、木材といった材料の差より、枠組構造、壁構造、トラス構造といった構造形式の差より何より、単位空間あたりに投入された建材の量による。

日本の木造建築は、ヨーロッパの石の建築にくらべ、材料の性格からして軽く細く薄いのを特質とするが、そんななかで、この建築は石と張り合うような剛直さと存在感を放つ。

若き日の磯崎 新は刺激を受け、木を鉄筋コンクリートに置き替えて、出世作〈大分県立図書館〉（1966年）を設計した、と私に語った。

左：丸柱の間にある檜の角柱。　中：丸柱の脚元を内側から見たところ。　右：四隅にある丸柱は直径84㌢。貫通してがっちりと柱同士をつなぐ横木「貫」が見て取れる。長く突き出した部分「木鼻」の繰形《くりがた》の形は大仏様の特徴のひとつ。

撮影記

東大寺の鐘楼は「異形の建築」である。大仏殿の東の小高い丘にあり、鐘の音が東大寺全域に伝わる立地だ。

屋根の四隅が持ち上がり、いかにも「鐘よ、響け」という風体である。梵鐘は創建当時からのモノで、重さ26トン。これに、さらに屋根の荷重が加わる。それだけの重さを木の架構が支えている。

しかし、相当な重量感があるはずなのに、なぜか威圧感がない。平面が正方形なので、中心はあるが集中がなく、開放形なのである。権力を象徴する建築だと集中が必要だが、むしろ鐘の音はメッセージであるがゆえに、外へ外へと広がっていくからなのだろうか。

当たり前だが、鐘楼は即物的な音響建築である。26トンの鐘を吊り下げて支える木構造は力強く、野太い。主役の梵鐘が重いのだから、せめて屋根くらい軽くしたらどうかと思うのは素人である。たとえば、茅葺きなどを採用すれば、確かに屋根は軽くはなるが、音は反響せず、消音器のように吸い取られてしまう。やはり、音を硬い瓦で抑え、反射させ、八方に伝播させるためには、これくらいの重たい屋根が必要なのだ。

計画したのは僧・明菴栄西。俊乗坊重源の後を継いで、東大寺勧進職に就き、鐘楼を再現したらしい。重源と栄西は、ともに南宋に渡って修行し、ともに帰国した。

音響建築で思い出したが、初編の『日本木造遺産』で重源の「浄土寺浄土堂」を取り上げたところ、その写真を見た音響の専門家である森芳久さんに、これはどのような目的でつくられた建築なのかと聞かれたことがある。「中央の阿弥陀様の周りを読経しながら巡る、修行のためのお堂です」と答えると、森さんは「ああ、やっぱりそうですか。これは上昇した音が下に降りてくる音響空間として考えられた建築だなと思いました」と言うのだ。僕は形と色彩ばかりに気をとられていた自分の不明を恥じると同時に、音響に言及した森さんには音が見えるのだなと敬意を感じた。

確証はないが、重源と栄西は、同じ時期に南宋に行き、仏教文化や建築を学ぶなかで、建築と音の関係を感じ取り、学んだに違いない。

26トンの釣り鐘の真下に寝そべって撮影したが、怖かった! 巨大地震が起こらないでくれと祈りながら、素早く撮影。起き上がろうとしたら、腰が抜けたわけではないが、なかなか立てず、結局、助手に引っぱって起こしてもらったよ。(藤塚光政)

構造学者の眼から見た木造遺産——東大寺 鐘楼

鐘楼は、柱間7.6㍍の小さな建築であるが、非常に太い部材で構成されている印象をもつ。この規模の通常の寺院建築であれば、建物重量100㌧程度となるが、この建物では26.3㌧の梵鐘も支えなければならないため、材が太くなるとともに、梵鐘を直接支える部材が追加されているから、さらに野太い印象になっている。

実際、過去には幾度も天災などで倒壊し、その都度再建されてきた。記録によれば、平安時代に大風によって倒壊したほか、1070年、1096年には地震によって、梵鐘が転げ落ちて倒壊している。また、1239年には梵鐘の鐘の吊り下げ部分が切れて、鐘が転がり落ちている。

梵鐘は、まず直径80㌢を超える1本の釣鐘虹梁から釣手によって吊るされ、その釣鐘虹梁は、直径95㌢を超える2本の大虹梁で支えられる。部材にかかる力はその部材が支える重量と、部材が架け渡される長さ(スパン)に応じて変化し、重量が重いほど、スパンが長くなるほど大きくなる。力が大きくなれば、当然大きい部材が必要となる。釣鐘虹梁のスパンは3.8㍍、大虹梁のスパンは7.6㍍のため、2本で支えている大虹梁の方が大きい部材になる。大虹梁は、建物四隅の丸柱とは別に、各辺に2本ずつ配置された角柱で支えられる。釣鐘虹梁も外周部では、束《つか》を介して同様の柱で支えられている。部材直下に配置された柱が、まずは中心的に機能するが、長い時間をかけて部材同士が馴染んで力の流れが滑らかになると、丸柱に沿って配置された柱にも力が流れて、建物全体で梵鐘を支えることになる。

力の流れを明瞭にしながら、特定の部材に力が集中することを防ぐように部材を配置する構造の考え方が、伝統木造の基本である。(腰原幹雄)

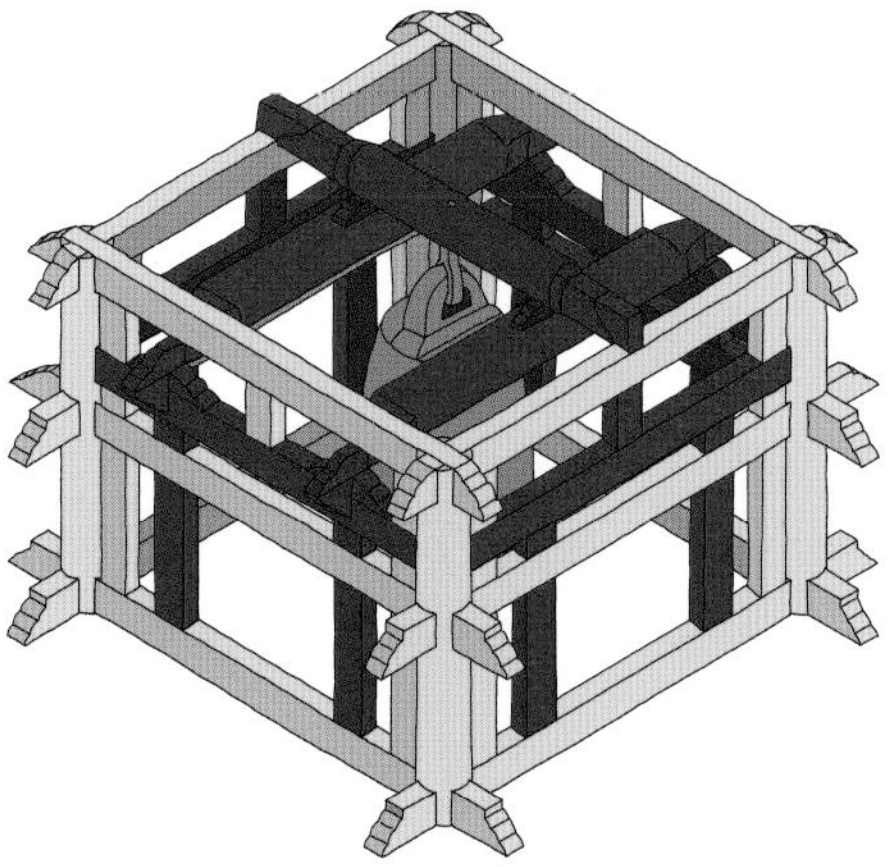

梵鐘の支持構造

公益財団法人江川文庫

江川家住宅

大屋根の小屋組は巨大な木造ジャングルジム

土間から吹き抜けの小屋組を見上げる。桁行13間、梁間10間、棟高約12㍍の架構は繊細でまっすぐなマツの材で丁寧に組み上げられている。その数は896本。貫《ぬき》には楔が打たれ、釘は1本も使われていない。梁には今なお蛤釿《はまぐりちょうな》の美しい彫り跡が見て取れる。

江川家住宅

静岡県伊豆の国市韮山1　開邸時間 / 9時～16時30分(入場は16時15分まで)　入館料 / 750円(小人300円)※反射炉との共通券は900円(小人300円)　毎週水曜(祝日の場合は開邸)、12月31日、1月1日休邸。

お問い合わせ / ☎055(940)2200

戦後しばらくした頃、日本の造形文化全般について、〝縄文と弥生〟の対比が強く鋭く語られた。戦後なされた文化についての議論の中で、この二項対立ほど分かりやすくかつ影響の大きかったものはほかにない。

日本の絵画や建築に顕著な平明で簡潔な美こそ日本的とみなしてきた通説の水面の上に、岡本太郎が生命力溢れる縄文土器を投げ込むことで発生した波紋は、美術界の土手を超えて建築界にもおよび、「伝統論争」が起こった。

岡本が美術界で縄文的なるものを提起した時、畏友の建築家丹下健三の反応は鈍かった。なぜなら、弥生的な代表作桂離宮に対抗できるほどの、生命力溢れた伝統建築が見つからなかったからだ。そこに白井晟一《せいいち》が現れ、縄文的なる建築の実例を示し、わが意を得た丹下は以後、桂離宮を衰弱した貴族の美のしるしとみなしてゆく。

岡本、白井、丹下を桂離宮批判に走らせた張本人が〈江川家住宅〉だった。3人ならずとも、土間の写真を目にすれば〝縄文的なるもの〟を感じ取ることができるだろう。

まず土間。縄文時代の竪穴式住居は、弥生時代の高床式住居と対比的に、床《ゆか》というものを張らず、地面の上で直接火を燃やし、周囲に草かゴザか毛皮を敷いて暮らしていた。土間という、今は少なくなった薄暗い空間をイメージするのに、この家くらいふさわしい例はない。人の足が湿りを帯びた土を繰り返し踏むと表面にはさざ波状の凸凹が生まれるが、この土間のさざ波は、人の素足がもたらしたにちがいない。

左ページ写真左手の土間にあるカマドも縄文の証。カマドの右手に立つ1本の太い柱に注目してほしい。他の柱と違い礎石もないし、他の柱のように四角でもない。地面から直接立ち上がり、かつ丸く、その丸は立木の状態を保つ。私が初めて訪れた時は神殿の御神木のように注連縄《しめなわ》がグルリと巻かれていたが、今は注連縄が飾られ、この樹状立柱には神が宿っている、と分かる。

左頁:写真を横断するのが陸梁《ろくばり》。 左:赤土や砂、石灰、ニガリを使ってしっかり固められた床。 中:細い材による緻密な架構。 右:柱の先に見える棟札箱には、日蓮聖人に賜った直筆の「火伏せの護符」が入っている。

江川家では長く本当の立木と伝えられてきたが、戦後の解体修理を担当した建築史家の故・関野克《まさる》から直接聞いたところによると、「立木ではなく掘立柱だった」。

大量に発掘されている縄文住居の遺跡にも立木の例はないから、江川邸は創建時より掘立柱だったにちがいないが、立木の伝説が発生したこと自体が、日本の建築の歴史を考えるうえで興味深い。日本人の住いは、柱を立てる代わりに立木に依ることで発生した、と信じるかもしくは信じたい人々が少なからずいたのだ。世界的にも稀な心情といっていいだろう。

注連縄が掘立柱とカマドの二つに張られているのも面白い。縄文住居は、土間に立つ掘立柱と土間に掘られた炉の二つを土間空間の特徴としていたが、江川家住宅もこの二つを聖なるものとして扱ってきた。

土間から視線を上げ、柱の上方に広がる小屋組を眺めると、無数の細い木材がうす暗い空間を垂直水平に走って、木のジャングルジム状態を見せている。目を凝らすと、太い梁・桁の上に柱が立ち上がり、柱には等間隔で穴があけられ、縦長の板が貫通しているのが分かるだろう。貫通する板の下部には楔が打ち込まれ、柱と板をガッチリ固めている。42ページで東大寺の〝大仏様《だいぶつよう》〟の時に述べた〝貫《ぬき》〟である。

縄文住居の小屋組は太い丸太を左右から差しかけて頂部で交叉させる〝合掌構造〟だから、この小屋組は縄文ではなく〝大仏様〟の流れを汲むということになる。

江戸時代には伊豆代官をつとめた江川家は、元を辿ると源平合戦の時代に伊豆に入り、源 頼朝に仕えたと伝えられる。頼朝は、伊豆を根拠地に平家を討ち鎌倉幕府を開き、建築史上では東大寺再建の時、大仏様の誕生をバックアップしている。

大仏様の代表作〈東大寺南大門〉と〈江川家住宅〉の印象深い小屋組を見較べてほしい。よく似ている。江戸時代より前には作られていた江川家住宅に、さらにずっと前の大仏様の小屋組が流れ込んでいる、と言いたい気もするが、そこまでは言い難い。

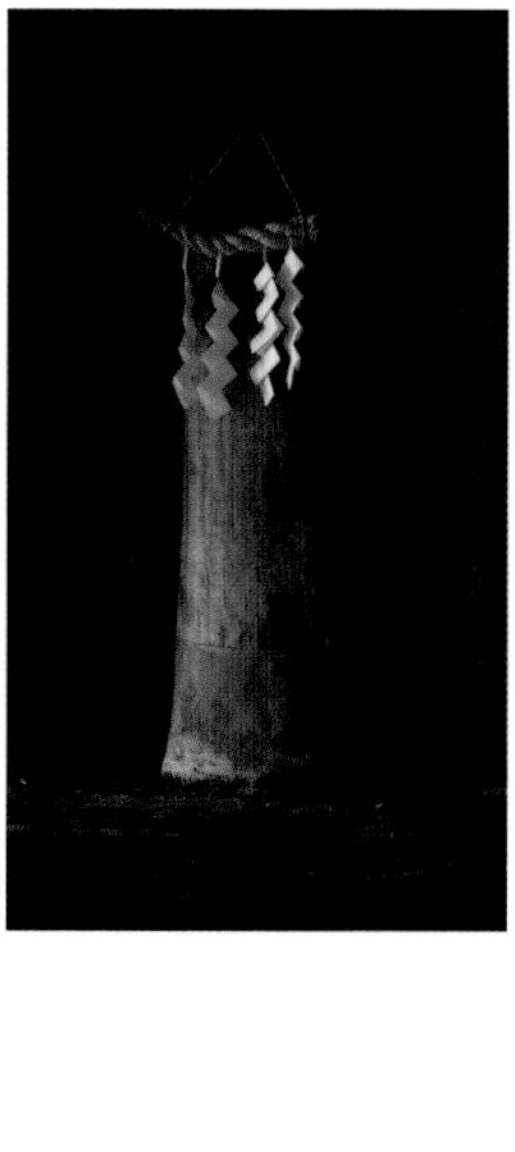

創建当時からあったと伝えられている掘立柱の「生柱《いきばしら》」。

表門をくぐって右手に見えるのは、北条早雲が植えたキササゲ。広大な邸内には主屋を中心に書院や5棟の蔵が建ち並ぶ。

構造学者の眼から見た木造遺産——江川家住宅

中世以来の武家の屋敷として主屋は、桁行13間（約24㍍）、梁間10間（約18㍍）の約150坪の建物であるが、その中に162平方㍍（約50坪）という広さの土間がある。この大規模な空間を持つ建築であれば当然、大断面の部材で構成されていると想像されるが、断面図をみると大屋根の小屋組は、細い材で構成されている。陸梁は曲がり梁ではなく、直材で4面が製材され、せい（長手方向）は大きくても40㌢程度である。この陸梁の上に小屋束を1間（ここでは188.5㌢）の間隔で格子状に配置し、小屋貫を5段設け、その上に叉首《さす》を斜めに掛け渡して棟木《むなぎ》を支えている。民家の小屋組として、単純で原始的な叉首構造と加工技術とともに構造的に発展しながら、洗練された貫構造が併用されている。

小屋組を支えるために30㌢程度の柱が、主要部分に配置されている。建物の架構形式が構造的に洗練され合理的な架構になれば、使用される部材は必要最低限の断面が選択されるようになる。

一方、玄関と土間の境には直径60㌢のケヤキの生柱が配置されている。この柱は、地上から157.5㌢下に礎石を設置した掘立柱である。これだけの太さの掘立柱であれば、構造的に大きな役割を担うことも可能であるが、この建物では四天柱の間に配置されており、あまり貢献していない。さらに、掘立柱の欠点である地中での腐朽が進行し、地表面の高さでは断面の9割以上が腐朽していた。生柱は、前身の建物から保存されたもので、かつて火難に遭ったことがなく、江戸城修築に棟木を献上した江川家の火伏の守護神として、信仰のまとにされていたと考えられている。長く使われた建築は、当初の役割を終えても、その思いがさまざまな伝説とともに残される部材があり、それらが構造学者の眼を惑わせてしまう。

伝統木造建築は、すべての部材が構造的合理性に則って配置されているわけではなく、進化の過程の中、さまざまな価値観によって配置されている。（腰原幹雄）

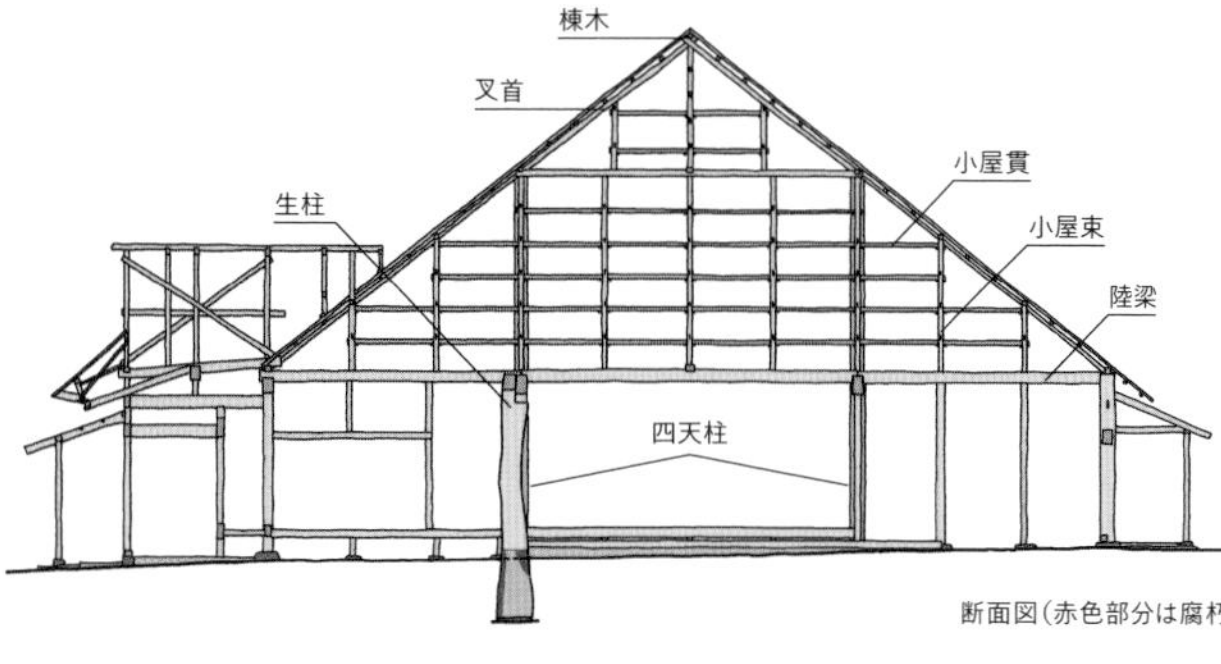

断面図（赤色部分は腐朽箇所）

臨済宗円覚寺派　総本山

瑞鹿山円覚寺 舎利殿

禅宗様の細緻な木造美が凝縮した麗しき遺構

瑞鹿山 円覚寺 舎利殿

神奈川県鎌倉市山ノ内409　拝観時間 / 8時30分～16時30分（12月～2月は～16時）　拝観料 / 500円　舎利殿は通常非公開だが特別公開を実施している。詳細はホームページを。　お問い合わせ / 円覚寺 ☎0467（22）0478

正面内部。来迎壁を背にあるのは鎌倉彫の須弥壇《しゅみだん》中央に「佛牙舎利《ぶつげしゃり》」を安置した宮殿。両脇には観音菩薩と地蔵菩薩が祀られている。壁の上部には波形に刳《く》った木を細かく縦にはめた「弓欄間《ゆみらんま》」がぐるりと1周している。差し込む光が内部の空間をほの明るく見せる。

久しぶりに鎌倉の円覚寺《えんがくじ》舎利殿を訪れ、禅宗寺院の清々《すがすが》しさを味わった。伽藍は一直線上に配置され、境内も石や岩が意識的に使われ、建物も地面も揺るぎない。配置の直線性は、脱直線化した平安時代の寺院のあり方を、鎌倉武士が中国の禅宗に倣って直しているし、石と岩の重視も、鎌倉で禅を深めた夢窓疎石《むそうそせき》が定石化したもの。

栄西が初めて南宋から禅宗を伝えてからおよそ60年後、禅宗の本格化を図るべく、鎌倉幕府の執権北条時頼は高僧・蘭渓道隆《らんけいどうりゅう》を、息子時宗は無学祖元を招いた。そして建長5（1253）年に蘭渓道隆が「建長寺」を、82年には無学祖元が隣地に「円覚寺」を開山、禅の根本は坐禅にこそあることを伝えた。今回訪れた舎利殿は、永禄6（1563）年の大火焼失後、鎌倉尼五山の一つ太平寺の仏殿を移したものだが、仏殿の割にこぢんまりしているのは尼寺が元だからに違いない。尼寺時代に仏殿があった位置に、今はお釈迦様の舎利（遺骨）が納められている。

伽藍をまっすぐ進んだ左奥に舎利殿は位置し、脇には禅堂があり、禅堂の様子に清々しさが高まる。なんと雨戸がなく、障子は風雨で破けるから、自分たちで一マスごとに張り替えを重ねた結果、障子全体がパッチワークと化しているが、これでこそ禅宗。禅では料理を作るのも掃除するのもすべて修行。漱石が参禅し、鈴木大拙が修行したのも、こうした清々しさあってのことだろう。

久しぶりに舎利殿の前に立ち、昔の記憶より、今の写真より、実態はずっと小さいのに驚く。実態よりイメージが膨らむのは、細部が充実しているからで、名建築の証。

上下左右へと視線を流し、基礎から軒まで、ことごとく平安時代までの〝和様〟とは作りが違うことをチェックして、改めて一番目立つ違いはどこかと眺め直し、柱の上の組物と棰木であることを確かめる。122ページで信州上田の安楽寺〈八角三重塔〉を取り上げ〝禅宗様〟の特徴を説明しているが、なんせ本体が八角ゆえ、軒の作りが殊更賑やかなことばかりが目立ったが、今度は分かりやすい。

和様では、柱の上に一つずつ載っていた組物が、柱と柱の間にも二つ載るのが分かるだろう。〝詰組〟。

舎利殿中央に配された桟唐戸の細かな格子。

側面の花頭窓。

上：舎利殿の上部は組物が圧倒する構造美。　下：桁行3間、梁間3間の入母屋造で屋根はサワラ材の柿葺《こけらぶ》き。

棰木の並びを見ると、和様では平行なのが、禅宗様では中央部から左右に向かって放射状に広がる〝放射棰木(扇棰木)〟。組物の中から突き出る〝尾棰木〟も象牙のように尖って強くカーブする。

詰組と放射棰木と象牙のような尾棰木が相まって、軒の作りがグンと派手になるばかりか、軒の両端は鳥が舞うように跳ね上がって見える。水平方向への動きに終始する和様と異なり、上方への動きが発生する。禅宗様本来の瓦葺きを薄い杮葺きに替えたのは、軒を軽快に跳ね上げようとする日本側の工夫だったかもしれない。

軒の作りの強い印象を確かめてからいよいよ中へ。

仏牙(仏歯)の納められた宮殿に手を合わせ、禅宗らしく花でなく松の青葉が献ぜられているのを嬉しく思い、あたりを見回し、上を見上げて、ここしかない空間の存在に気づいた。

まず平面の作りが基本で、正方形で土間の仕上げ。そこに細くて硬い欅の丸柱が立ち上がり、柱の先には外と同じ軒組が並ぶ。軒組で上端を区切られた正方形の中央部には、水平に天井が張られている。堂内に軒組が見えるのも天井の存在も和様にはなかった。

こうした視線を上に向けるインテリアの造形によって、堂内空間に上昇する動きが生まれ、和様に比べずいぶん縦長プロポーションだナァと気づき、現代建築家のことを思った。

丹下健三は人体に合う横長の、空間でいえば直方体のプロポーションを基本にしたが、磯崎新は正方形の、空間でいえば立方体を好み、脱丹下健三を企て、その結果、ヒューマンスケールを超えてガランドウ感が生まれた。立方体は、その中に人が立つには上方が高すぎるのだ。

舎利殿の精神に働きかけるような堂内の印象は、床から天井までがヒューマンスケールとしては高すぎるからではないかと気づき、この文を書きながら図面に当たると、高さは柱で囲まれた正方形の一辺とほぼ一致する。舎利殿の空間は、立方体を基本にしている。優しく包まれるヒューマンな感覚より、背筋を伸ばすような、精神性を重んじた禅宗らしい堂内に違いない。

左:大虹梁の上に載せた大瓶束《たいへいづか》。頭貫や台輪を支える。いずれも禅宗様の特徴的な小屋組。鏡天井をより高く持ち上げる役割も担う。　右:角柱の上の稠密な組物群。飛び出しているのは深い軒を支える尾棰木。

左：舎利殿内部から一直線に延びた参道。唐門の先に見えるのが正続院の正門。　右：内側から見た花頭窓と弓欄間。

構造学者の眼から見た木造遺産――瑞鹿山円覚寺 舎利殿

禅宗様の屋根の特徴は、強い反り、深い軒、扇垂木である。二重に見える舎利殿は、実際には一重で主屋の周囲に裳階《もこし》がついている。この主屋の屋根が反りの大きい二軒扇垂木、裳階の屋根は反りの小さい平行垂木の屋根になっている。

扇垂木と平行垂木では、隅の部分が特に大きく異なることになる。平行垂木では、隅に近い垂木は建物外周の桁に乗らずに隅木を介して桁に力を伝えるため、軒を支える力が小さくなってしまうが、扇垂木では、全ての垂木が桁に乗って直接支えるため構造的に合理的である。しかし、この扇垂木を実現するためには高度な加工技術が必要になる。垂木は平面的に扇形に拡がるだけでなく、屋根の反りに合わせて高さ方向にも変化するため垂木の向きは一本一本微妙に異なる形に切り出す必要がある。さらに、垂木の先端の木口の向きをそろえるためには角が直角の長方形ではなく、隅に行くほど平行四辺形になっており、先端と根元でも断面形状は微妙に変化している。これを木のクセを読みながら加工していかなければならないのである。こうした細かい加工が建物全体の屋根の美しい反りを可能にしているのである。

舎利殿は関東大震災で、軸部が前方に倒れ、軒廻り以上の屋根、小屋組はそのまま落下し倒壊してしまった。主屋側柱はほとんど損傷し修理工事で取替えられ、貫、台輪も多くを取替えている。一方、外周の裳階柱は取替えが割合少なく、軒廻り、組物については部材が再利用されている。

倒壊しても部材をできるだけ再利用しながら修理をし、長く使い続けてきたのが伝統木造である。（腰原幹雄）

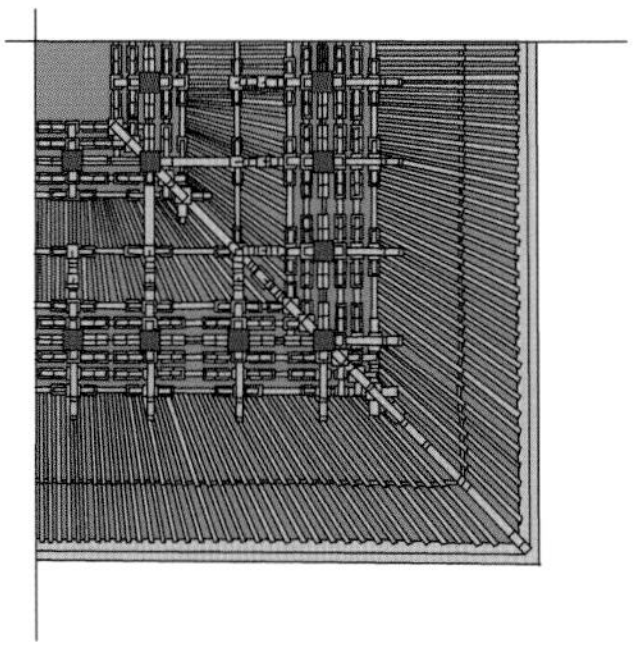

主屋屋根見上図（1/4部分）

寝殿造の流れを汲む古社

新宮熊野神社 長床

熊野信仰がみちのくへ。平安期の趣残る巨大な礼拝建築

新宮熊野神社 長床

福島県喜多方市慶徳町新宮字熊野2258

拝観時間 / 8時30分～17時　拝観料 / 大人300円

お問い合わせ / ☎0241（23）0775（新宮地区重要文化財保存会）

東から西を見る。本殿は右手。奥には鐘楼がある。直径1尺5寸（45.4㌢）の円柱は中央に4本、40本が10尺（303㌢）の等間隔に4列、計5列並ぶ。各柱の上には平三斗《ひらみつど》の組物、中備《なかぞなえ》には間斗束《けんとつか》が用いられている。身舎《もや》の天井は格天井となり、大きな上長押《かみなげし》と下長押が取り付けられている。

長床と書いてナガトコと読み、神社にしかない建築だが、神社にもそうはなく、喜多方と倉敷の両熊野神社と、呼び名は違うが、諏訪大社の例しか私は知らない。諏訪大社（上社前宮）では十間廊と呼ばれ、私の少年時代、横長の吹き抜け空間に鹿の頭を並べ、三方《さんぼう》に載せた鹿の生肉を神官が食べた後、氏子たちがお神酒を頂戴していた。

宗教建築には宗教の違いを超えて、古来、大きなテーマがあった。神様、仏様、キリスト、マホメットなどなどの人智を超えた聖なるものを、建築的にどう見せ、どう拝すればいいのか。神と礼拝。たいていの宗教は、小さな教団からスタートしているから、聖なる小さなものの前に場を画して祈りを捧げるところから始まり、やがて風雨を避けるべく屋根をかけ、囲いを回し、さらに進めば礼拝の建築となる。キリスト教なら縦長か円、イスラム教は横長が多く、インドの仏教は縦長、なぜか日本の仏教は横長。

縦長、横長、正方形、円形と、宗教と時代の違いによりいろいろあるが、しかし、聖なるものと信者が同じ建築空間の中に位置し、拝し拝されるという点では変わらない。

しかし日本の神社は違い、神宿るものと人々が、同じ屋根の下に集うことは絶対になく、少し離れたあたりに位置する場か、建築から手を合わす。理由は誰でも想像がつくように、深く長い日本の自然信仰の歴史に由来する。山や川、さらに岩や樹などの、美しくかつ清浄で印象深い自然物に、精霊の宿りを認め、それをどう拝するかを考えた時、山や川や岩や樹に屋根をかけようとは、当たり前だが、しなかった。自分たちに風雨を避ける建物は必要でも、風雨にさらされてこそ、山も川も岩も樹もパワーを保つ。そう感じ、そう考え、聖なるものの前に小さな祠《ほこら》をチョコッと置き、その前で手を合わせて神社とした。やがて神社の規模が拡大しても、この基本は守られ、手を合わす場と建築だけが大型化し、礼拝専用の拝殿が生まれる。普通の神社を訪れると、鳥居の先に拝殿が待ち受け、その前で鈴を鳴らし賽銭を入れ柏手を打つが、しかし神はそこにはおらず、拝殿の裏に別棟で作られた小さな床の高い本殿（正殿）のほうにましします。正確に言うと〝神のしるし〟が安置されている。

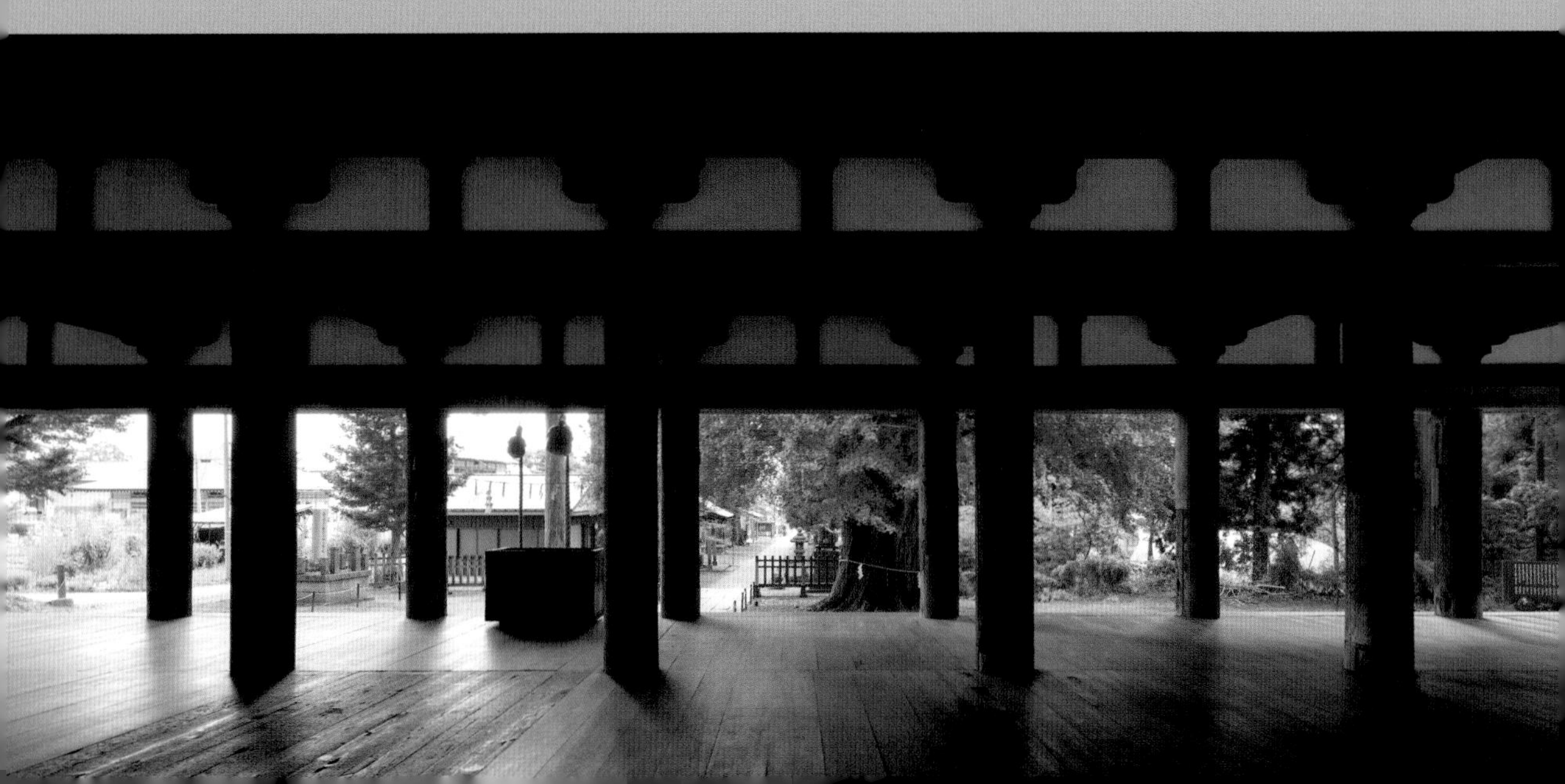

本殿+拝殿＝神社

とすると、今回のテーマの長床はどんな役割を果たしてきたのか。

神の前の場か拝殿で柏手を打ってから、もうひとつやることがある。日頃はないが、たとえば秋、その年の豊かな収穫に感謝した後、神様と一緒に収穫を味わい、お神酒を飲み、宴を催すことが行われた。これを〃神人共食〃といい、神と人を結ぶために欠かせなかった。今も建築の地鎮祭の最後に、お神酒を回すのはその名残。本殿+拝殿のさらに遠くに、ということは、人里の側から見ると一番人里近くに、神と人を結ぶ建築として設けられたのが、長床だった。長床を維持する氏子の皆さんに聞くと、子どものころ、行事がなくとも近所の人々はここに集まり、子どもたちは上ったり下りたりして遊び、

上：屋根は茅葺きの寄棟造。隅軒裏は丸柱の上に出三斗《でみつど》がのり、垂木は一軒で平行に並んでいる。　中：庇のコーナーを見上げる。隅扠首《すみさす》が軒に向かって延び、化粧垂木が整然と並ぶ。　下：礎石から力強く床を貫く丸柱。　右頁：本殿を背に参道を見る。長床の創建は寛治3（1089）年。平泉の金色堂より35年も古い。だが慶長16（1611）年の大地震で倒壊。同19年に一回り小さく再建された。左手前の節くれだった床材は往時のもの。昭和46年から4年をかけて解体修理、復元された。

お婆さんにとっては格好の集会場で、お菓子を食べたりしながら話し飽きるとゴロリと横になって昼寝していたという。喜多方の新宮熊野神社にあっても、神宿る丘陵の中腹に、熊野三山の那智殿、証誠殿、本宮殿の三つの小さな本殿を設け、拝する場を画し、そこから石段を下りた平地に長床を建てている。元をたどると、１０８３年、源 義家が奥州の地付きの勢力を討った「後三年の役」の後、熊野より三山を遷座したのが始まりという。

最後に建築について触れよう。厚い茅葺き屋根と丸い柱とやや高い床の三つだけからなり、細部の作りは〝和様〟といい、鎌倉時代に宋から新たに入る〝大仏様《だいぶつよう》〟と〝禅宗様〟と違い、奈良時代の仏教寺院の作りが日本化しつつ定着したもの。和様は大仏様、禅宗様に比べ、ずっと平明な細部の作りを特徴とする。平面は典型的な寝殿造の形式をとるが、京都を本拠とする源氏の武家である源 義家なら当然のことだろう。

並び立つ丸い柱、少し高い床、そして内外の連続性、この三つがもたらす清々しさと開放感は、日本の木造建築の特性の一つとなる。

1

2

3

4

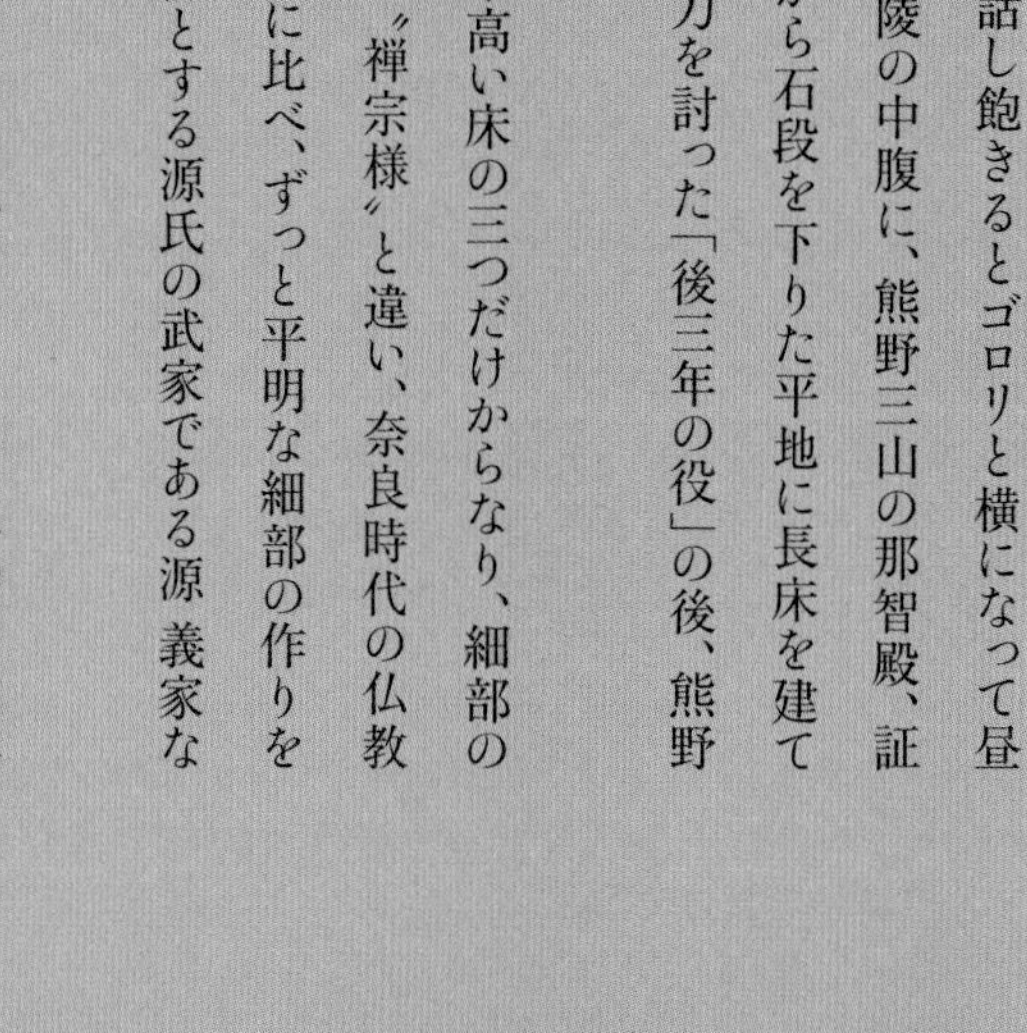

1：樹齢800年を超えるという創建当時からある御神木の大銀杏越しに長床を見る。　2：大銀杏の高さは約37㍍、幹回りは7.73㍍。落葉による黄色い絨毯は見事。　3：創建当初は験を担いで1本は逆さ柱に、北側の一部は床を張らずにあったという。建物の大きさは正面が27.27㍍、側面は12.12㍍。棟高は11.25㍍。軒高は4.3㍍。　4：長床の奥、石段を上ると本殿がある。正面中央が本社の新宮証誠殿、左が那智山飛龍権現の社、右が本宮十二社権現の社。
右：木造の明神鳥居。大注連縄《しめなわ》は直径40㌢、全長15㍍の縄を3本より合わせてあり重量は1㌧以上。

撮影記

「長床」は茅葺き屋根と44本の柱と床だけのスッポンポンの建築である。神社の拝殿で、実に無愛想な建築であるが、1982年、亡き盟友で建築家の毛綱毅曠《もづなきこう》と来て以来、なぜか何度も訪れており、今回が4度目。ただし、本格的に撮影したのはこれが初めてだ。愛想が良いより無愛想の方が、人も建築も、こいつを見極めてやろうと感じるものなのかもしれない。

樹齢800年といわれる御神木の大銀杏が有名で、11月末に黄金色になる頃には、多くの人々が集まる。しかし、僕が紅葉には興味がないことは、182ページの「高山寺石水院」の項で述べた。美しい紅葉で有名な石水院も冬枯れに撮影したほどだ。別に、御神木が「長床」の無愛想を気にして晩秋に彩りを添え、人々をもてなすわけではないし、建築に迫るのに情緒は不要である。情緒が悪いわけではないが、情緒によって本質が見失われるのは嫌なのだ。それに、大勢の観光客なんて撮影時には百害あって一利なし。というわけで、今回も大銀杏が色づく時期を避け、9月に撮影した。

「長床」は、長さが27.27m、奥行き12.12m、柱間は芯芯で3.03mである。9間《けん》×4間といわれるが、長手の柱と柱の間が9スパン、奥行きの柱と柱の間が4スパンあるということであって、尺貫法で言う9間×4間ではない。三十三間堂を思い出してほしい。1.8m×33=59.4mだが、実際には幅120mある。これも柱間が33スパンなのを、尺貫法の単位・間と勘違いしたからなのだ。

この建築は地方自治体がつくったものではないが、現代建築的にいえば、質のよい公共建築のようだと感じた。そのような目的で設置されたというより、人を集める力を持っているからだ。

写真を撮り始めて、初めてそのことに気づかされた。写真家にとってカメラは武器だから、構えた途端、カメラは合成開口レーダーのように探索を始める。探索を続け、感性と推理と現場を照らし合わせながら、その結果を次々に画像に収めるのだ。そうすると、屋根と柱と床だけで建具のない吹きっさらしのこの空間に、次々に人がやってくるのがわかる。

普段は子どもたちの遊び場になったり、ばあさんたちが集まって涼みがてらおしゃべりしたり昼寝をしたりするばかりか、他の地方から参拝に来た信者たちがここに寝泊まりすることもあるという。誰もいない時分には、恋人たちが恋の成就や結婚を祈って静かに時を過ごすのかもしれない。実際に行くとわかるが、なんとも心地よい場所なのだ。

内部には、なぜか蚊が入らない。ほんとだよ。内部の撮影を終わらせ、外観を撮るために外に出たら、たちまち蚊の襲来を受けた。鳥も入らないから、鳥よけのネットもいらないという。人に悪さするナニモノも、神様を恐れ、近づけない空間と領域になっているのだろう。なんだか人も動物になったように、素直に気持ちよいと感じる空間が、そこには確かに存在していた。(藤塚光政)

構造学者の眼から見た木造遺産——新宮熊野神社 長床

現在の建物は、慶長16(1611)年の地震倒壊後に規模を縮小して再建されたものである。再建にあたって、鎌倉時代初期の建物と推定される前身建物の旧材を使用したために、柱間が縮小されている。

昭和の修理調査によると、柱はすべてケヤキの当初材であるが、慶長の地震崩壊による柱上部の割れ、風雨雪害による摩滅、腐蝕が甚だしかった。また、再建における柱の位置交換、方位変換(回転)によって、柱には新たな仕口の欠き込みや、新設された足固め貫穴等の加工がなされたが、これらが柱の割れを呼び、破損を大きくしていた。

柱をよく見ると、柱頭、柱脚部は金輪継による部材交換、貫穴、割れに対する矧木《はぎき》による補修が多く見られる。構造的に問題のある個所では、樹脂による補強も行われている。開放的なこの建物も前身建物では、部分的に板壁や土壁が配置されていた時期もあり、柱に土壁の間渡《まわたし》穴、まぐさ、方立《ほうだて》の穴、板壁の溝跡なども見られる。しかし、こうした痕跡は、隣り合う柱を見比べても、位置が連続せずに部材のつながりを想像することができない。これは、再建にあたって柱をもとの位置ではなく、異なる位置に配置して再利用しているためである。当時の大工は、風蝕などの柱の見栄えなどを考慮して、見栄えがよくなるように位置を決めたのだろう。

しかし、現在の文化財の保全にあたっては、部材を当初の位置に戻すということに価値がおかれるため、昭和の修理にあたっては、部材の取り合い、ほぞ穴や釘跡、風蝕の度合いなどから、当初の位置と向きを見定めて、図のように元の位置に戻している。

太い材を用いる伝統木造建築は、倒壊した建物でも部材を再利用することができるのである。(腰原幹雄)

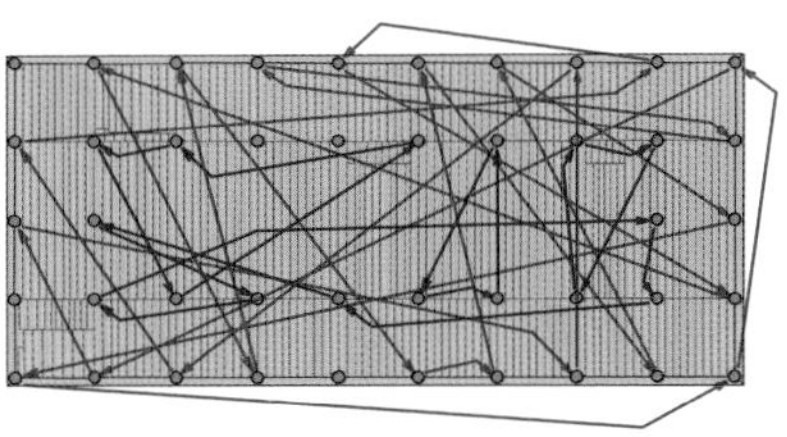

慶長地震で移動された柱の位置復元図。外周を赤、内側を青の矢印で示した。

定額山

善光寺 本堂

江戸期仏殿建築の大傑作はT字形の棟を持つ撞木造

善光寺 本堂

長野県長野市大字長野元善町491　本堂の拝観時間 / お朝事の1時間前～16時30分(季節によって前後する)＊お朝事とは朝の勤行で開始時間は日の出の時刻により分単位で変動する。　拝観料 / 600円(本堂内陣券)、1200円(三堂・史料館参拝券)　お問い合わせ / 善光寺事務局☎026(234)3591

内陣正面を見る。内陣と内々陣を隔てる巨大な欄間には来迎二十五菩薩像が並ぶ。広さ約150畳、高さは約10㍍の大空間で御本尊は内々陣の左奥にある瑠璃壇に安置されている。

「善光寺縁起」によると、善光寺の御本尊の阿弥陀如来は日本最古の仏像の一つと伝わる。552年、奈良の地に祀られたものの、その後、戦乱を逃れて転々と東へと移り、642年に今の地に運ばれて、654年に絶対秘仏となり、以後、お姿を見た者はいない。それではあまりだから、お姿を写した前立本尊が数えで7年に一度、ご開帳されている。完全な秘仏も珍しいが、秘仏の納まる1707年完成の今の建築も、ほかに例がない。

無類さは長野駅を降り、少し歩いて右に折れて参道に入ったあたりから始まる。参道は一直線に、それもゆっくりとした斜面を長々と上ってゆくが、狭い平地や盆地の縁に山が迫る日本の地形には、一直線、ゆっくり、長々が組になる寺社はほかにない。

通りの両側に店が並ぶ門前町を過ぎても上り、さらに上ると○○院や○○坊と称する塔頭《たっちゅう》群が現れる。塔頭とは、寺の運営に参画する僧たちの住まいで、もちろん仏も安置され、仏事を営むこともできる。善光寺の場合、江戸時代初期の調べでは46を数えた。全国を各塔頭ごとに分けた組織があり、年に一度、そこから善光寺聖が出向いて旅行団を組み、かの〝善光寺参り〟を実現している。

塔頭群を抜けて参道を上り、高村光雲作の脚の血管が盛り上がる仁王の護る門とさらに山門を潜《くぐ》ると、ついに、お待たせしました、本堂が、目玉を正面から掌《てのひら》でドンと突くように、見えてくる。

一直線、ゆっくり、長々の果てに目玉をドン。この珍しい印象は私の講釈師振りではなく、かつての参拝者がみな感じたことらしく、「撞木造《しゅもくづくり》」と呼ばれる。撞木で鐘を鳴らすような建築形式。

撞木造という呼び名は、本堂の縦長平面と後部で丁字形に交差する棟に由来する。聖なるものに向かって進むに従い、奥に行くに従い、気持ちを盛り上げるのが宗教建築の役割だから、いきおい縦長になるのが当然なのに、なぜか日本を含め東アジアの宗教建築は、横長となるなかで、善光寺だけはキリスト教会のように縦長で、平面は前から外陣、内陣、内々陣の3段構えを取り、外陣は板張りの土足、内陣は畳敷き、内々陣は知らない。

南から見た山門。間口・高さはそれぞれ約20㍍、奥行き約8㍍。二層入母屋造。寛延3(1750)年建立。

山門(三門)楼上から見た参道。

本堂正面。間口約24㍍、奥行き約54㍍と縦に長く高さは約27㍍。二重に見える下層の屋根は雨から縁側を守る裳階《もこし》。入母屋の屋根には懸魚《けぎょ》や唐破風《からはふ》、正面向拝《ごはい》の軒唐破風が陽に輝く。

本堂の東向拝を飾る「縋破風《すがるはふ》」。

本堂東側。棟が外陣や内陣とT字形に交わっているのがわかる。

完全秘仏のうえ、参道からいうと上っても上っても、進んでも進んでも、本堂に入ってからも奥へ行けども行けども、仏の姿が見えない。せっかく牛にひかれて善光寺参りした甲斐がない、と思う人のことに気を配ったのかどうか、珍しい工夫がされ、内々陣の床に開いた穴から縁の下に潜り、真っ暗な巡回路を恐る恐る巡り始めると、内々陣の真下に鍵状の金属があり、幸いそれに触ると、秘仏との結縁がかなったとされる。子どものころは怖かったが、過日〝戒壇巡り〟をしたときは、もっと長くして迷路状にしたら……。

目玉ドン効果は、縦長平面に加え、ファサードの作りも大きい。ギリシャ神殿の正面を飾るペディメント（三角破風）に負けないような大きい入母屋造《いりもやづくり》の破風は、鬼瓦はじめ懸魚《げぎょ》と降《くだり》懸魚などの妻飾りが施され、金色に輝く。参道を含めた全体配置といい、ファサードの作りといい、以上の講釈を聞くと、ヨーロッパのゴシック様式のカテドラルのように思われるかもしれないが、話の着地点は日本の木造。

大きくて派手な破風の周りを見てほしい。落ち着いた茶色の屋根葺き材が見えるだろう。この色とテクスチャーは、薄い割板を張り重ねる柿《こけら》葺きか、檜の樹皮による檜皮《ひわだ》葺きのどちらかだが、表面がやや艶を帯びて人肌のように滑らかだから、檜皮葺き。檜皮葺きは、天皇関係と神社をもっぱらとし、寺院には珍しいが、善光寺のやや特異な成り立ちと関係しているかもしれない。天台宗の大勧進と浄土宗の大本願の二つが仏を守り、大本願は尼寺。2宗派が一緒というのも、男の寺と女の寺が対等なのも、世界の宗教上は珍しい。浄土宗に檜皮とつながる要素は見当たらないが、天台宗の内には、修験道の祖の役行者《えんのぎょうじゃ》が開いた吉野の金峯山寺もあり、山岳信仰、自然信仰とのつながりは深く、そこから檜皮への親近感が生まれたのかもしれない。大事な建築の屋根を、樹の皮で葺いて良しとする習いは、日本の檜皮葺きしかなく、最大は京都の御所、その次は善光寺。

目玉ドン配置の派手なファサードにもかかわらず、しばらくすると落ち着いて見え始めるのは、嫋《たお》やかな檜皮葺きのおかげだろう。

左：西向拝の右の手摺の下にある擬宝珠《ぎぼし》には「宝永4年」と刻まれている。　右上：内々陣、瑠璃壇の真下を一回りする「戒壇巡り」の入り口。　右下：東階段下の柱。礎石の柱座に対し柱がずれているのが見てとれる。木がねじれることを計算したといわれている。

構造学者の眼から見た木造遺産——善光寺 本堂

正面から見るとその迫力と美しさに圧倒される。直線的な裳階《もこし》の庇と、その上に大きく反りあがった屋根と、入母屋の妻壁の三角形のシルエットが、あたかも浮いているように見える。二重の屋根の間の陰影がその印象をさらに強めている。一方、側面から見ると、想像以上に前後（南北方向）に長い建物であり、間口の倍以上の長さがあることが分かる。これが、内部に入った時に感じる奥深さである。さらに背面側では側面に妻壁が見えていて、棟が左右（東西方向）にも伸びているのである。真上から見ると、屋根の棟が丁字形を描いていて、この形が鐘を打ち鳴らす丁字形の撞木に似ていることから「撞木造」と呼ばれる独特な屋根の様式になっているのである。

この複雑な形状も、自由度の高い和小屋では容易に実現できる。長方形の平面形状に沿って架け渡された太い梁、桁の上に正面側では、寄棟造の屋根の小屋組を構成する。背面側も下の方では寄棟造の屋根の小屋組を構成するが、その上には、直交する形で切妻の屋根（図中赤色の部材）を載せている。それぞれの屋根が、都合よく完結した架構として互いに接合されており、結果的には、部材の構成は規則正しく整然と並んでいるように見える。これは、基本的には幾何学に基づいた木割で構成していることにより、直角、45度といった角度で、部材の交点も規則正しく配置されているためである。ここに、屋根の反りと軒先の曲線を加えて、屋根の美しさを生みだすのが伝統木造建築である。（腰原幹雄）

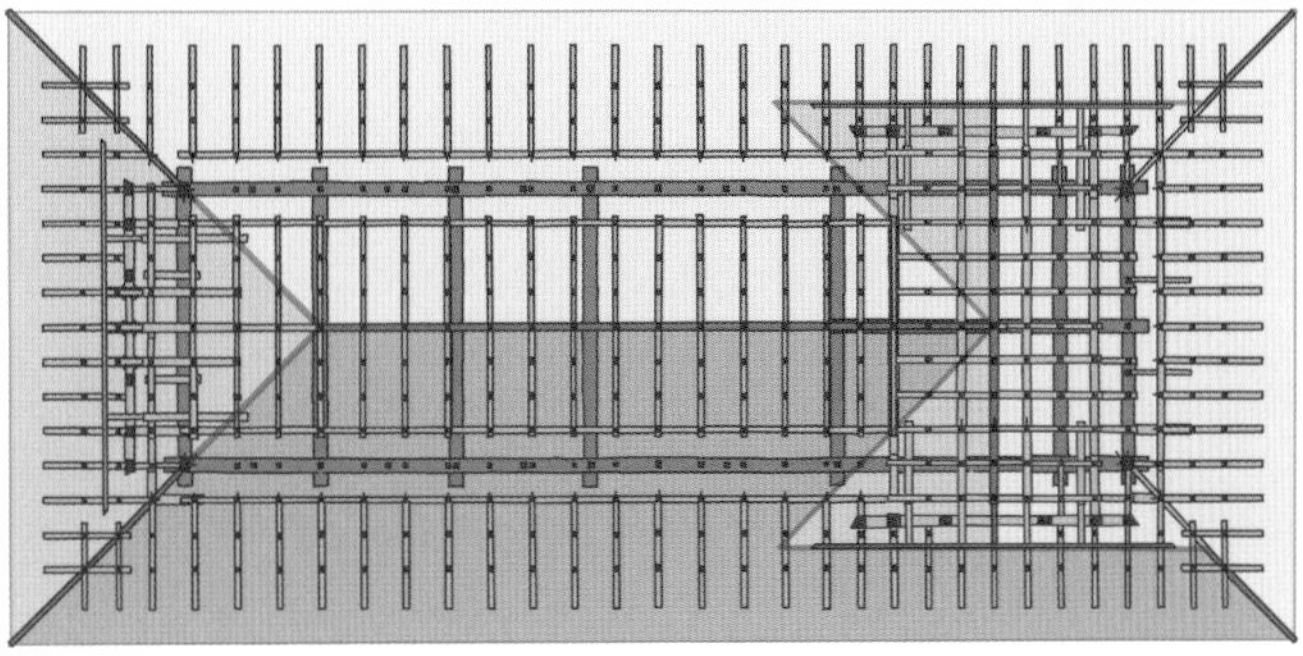

小屋伏図（一部部材を省略）

三溪園

聴秋閣

屋形船の如き茶亭、渓流に浮かぶ

三溪園 聴秋閣

神奈川県横浜市中区本牧三之谷58-1　開園時間 / 9時～17時（入園は閉園の30分前まで） 12月26日～31日は休園　入園料 / 大人900円（小中学生200円）　お問い合わせ / ☎045(621)0634

渓谷に向かって石段を上ると、溢れる紅葉の中、細い流れのほとりに、瀟洒な2階建ての楼閣が見えてくる。聴秋閣は東西と南北の見えがかりが異なる変化に富んだ建築で、徳川幕府における建物の造営、修繕に関わる作事方を務めていた佐久間将監《しょうげん》によるといわれている。写真左奥には屋根付きの橋、亭榭《ていしゃ》がある。

石ほどではないにしても、堂々たる木造とか造形性豊かな木造とかは、日本はむろん世界にもある。しかし、瀟洒というか軽く細身で快い木造は日本にしか、それも室町時代以後の日本でしか見ることはできない。

実例でいうなら室町時代の金閣寺、銀閣寺を起点として、安土桃山時代の飛雲閣、江戸時代初期の桂離宮、と数えたところでハタと止まり、さて次は何にしよう。あの茶室かこの数寄屋かと思いを巡らした後、やはり〝聴秋閣〟にしよう。

日本にしかない瀟洒な木造は、壊れやすいせいもあってほとんど非公開か申込制なのに、この建物は建築野外博物館〝三溪園〟の中でその外観が公開されている。それも普通の建築野外博物館とは成立がちがい、戦前、数寄者として鳴らした原 三溪が、横浜の自邸の広大な庭の中に全国から集めた歴史的木造建築の一つとしてあるから、立地も環境も素晴らしく、建築の魅力を引き立てている。海外とちがい日本の伝統的建築は〝庭と不可分〟という特質がちゃんと守られているのも嬉しい。

三代将軍家光の乳母として名高い春日局のために池のほとりに建てられたと伝えられるが、見えないところに技を尽くした作りといい、瀟洒で自由気儘に遊びながらも漂い出る格式といい、江戸初期の気位高い武家の女性のために作られたのは間違いあるまい。

瀟洒な印象を与えるのはどんな作りなのか。まず檜皮《ひわだ》葺きの薄くなだらかな屋根の作りが利いていて、それが二重にかかる。使われている材が細身で、とりわけ2階の勾欄《こうらん》の細い材が突き出す様は飛翔感を与え、細さ軽さを印象付けている。随所にたくさん使われている障子の白い紙も効果的だ。檜皮、木材、和紙といった自然素材の肌触りがもしなければ、精巧なペーパークラフトかCGのように見えるかもしれない。

漂い出る格式の出所は書院造にある。まず、玄関の踏み込みは、本来の平瓦ではなく木製の四半敷《しはんじ》きで、ふつうは格式のある禅宗寺院の方丈《ほうじょう》の書院造に好んで使われる。書院造の見せ所の床の間も付

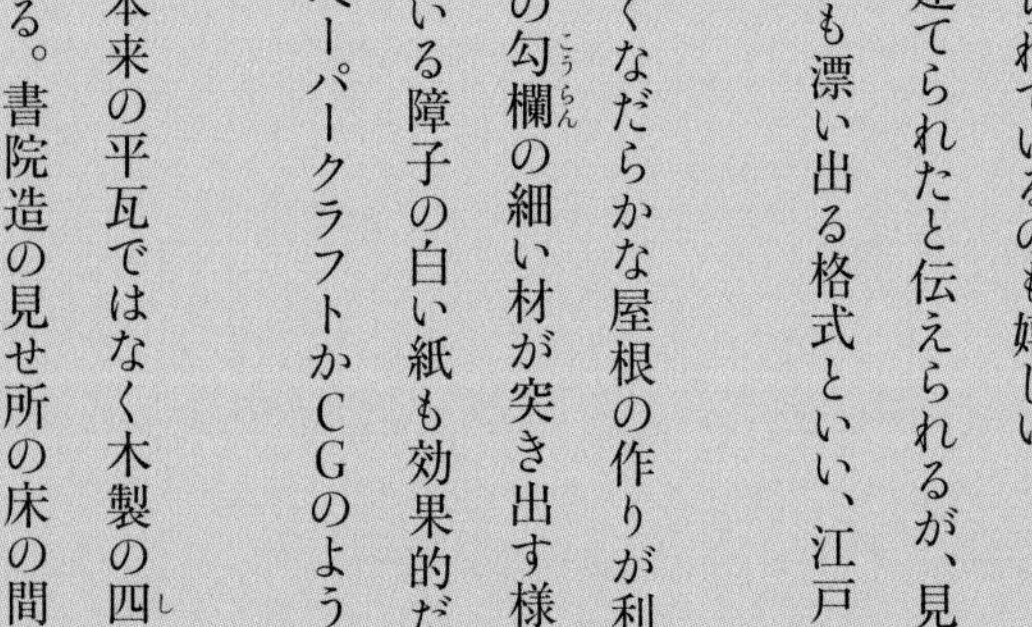

望楼の正面。2畳にも満たない広さだが開口部が広く、全く狭さを感じさせない。

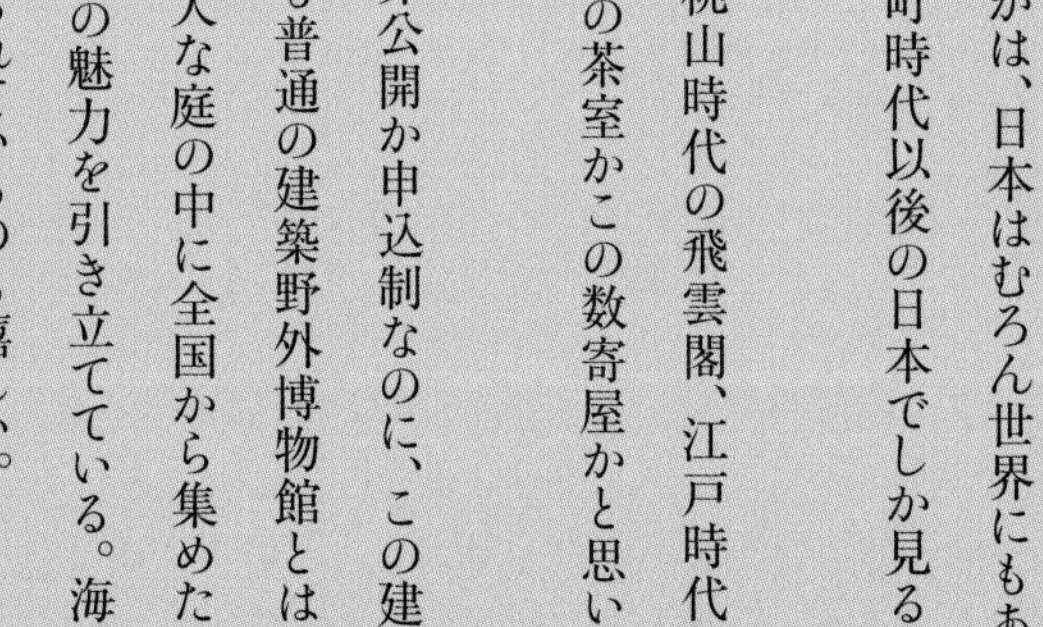

望楼の東側から外を見る。華頭窓を額縁に遥か向こうに三重塔が見える。

2階へ繋がる階段。細く緩くカーブした側面のささらはユニークで見所の一つ。正面は茶道口で、向こうには上の間が見える。

上左：1階から2階を見上げる。 上右：中央の木板部分には、狩野尚信筆と伝えられる3面の扇の絵が描かれている。しかし剥落が著しく僅かにしか見て取ることができない（内部は非公開）。 下左：正面から玄関を見る。入り口は奥の畳より一段下げた土間の床に木製のタイルが敷き詰められ、手すりが巡る。下右：次の間から上の間を見る。右側が玄関。

いているし、壁の上方には長押《なげし》が回る。長押は、武士の戦いの時の鉢巻のように室内をキリリと引き締める働きをし、床の間につぐ書院造のしるし。

女性のため、とはどこから言えるのか。材の軽さ細さに加え、床の高さをはじめ、すべてのスケールが小ぶりな点に注目してほしい。たとえば、床の間付きの部屋も、もし着飾った女性が座れば、桃の節句の雛壇のように映るし、細くか弱い長押は、戦いの時の鉢巻といっても、時代劇に登場する薙刀《なぎなた》を手にした襷《たすき》掛けの奥女中の巻く鉢巻のようにしか見えない。

当初は池のほとりに建てられたとの伝に従い、建物の前にはせせらぎが流れるように工夫されているが、建物の平面と姿かたちからして正しい伝えにちがいない。

それも、池のほとりの水面に浮かぶ船をイメージして建てたにちがいない。

平面は独特で、せせらぎの上流側に床の間があるから、こっちが船首で、以下下流側に向かって各部屋が一列に続く。日本の伝統的住宅は南側と北側に二列に並ぶのが普通なのに、上流側から下流側へと格式を順に下げつつ一列に並んでいる。過剰に細長い間取りは屋形船から来ているだろう。

それもただの屋形船ではない。2階に乗る望楼からそう考える。

屋形船状間取りの中ほどに、頭がつかえないようにだろう、絶妙なカーブに切り出した板を用いたハシゴ状の階段があり、上がると、わずか二畳の望楼に出る。一人用もしくは二人用。格別な場であることは、窓の障子が華頭窓《かとうまど》にはまっていることから分かるし、天井もちょっと中央を持ち上げて空間の狭さを和らげている。

望楼からして屋形船といっても、淀川を往き来したというただの屋形船ではなく、御座船《ござぶね》のイメージが元ではないか。徳川将軍は天地丸という飾り立てられた華頭窓の付く御座船を使ったし、海に面した有力大名も、華麗な御座船に乗って瀬戸内海を往き来している。そして御座船には貴人が周囲を見晴らすための小さな座敷が、最上部に作られていた。天地丸には格の高さを示す華頭窓もあった。

正面からの眺め。特徴的な3つの屋根から移築前は「三笠閣」と呼ばれていた。

東側から見上げた広さ2畳ほどの望楼。3面の窓はそれぞれ異なる意匠だ。

撮影記

「聴秋閣」は、川岸に寄せた舟のごとき風情の小さな建築である。

連載時、しばらく男っぽい建築が続いたので、小さくたおやかな建築に気が向き、初編で取り上げた「臨春閣」の撮影で訪れた三溪園に再び向かった。秋を聴くという建築名に背いて、桜が終わった新緑の季節だった。

少々複雑な屋根の形をした建築で、楼閣が軍艦の司令塔のような方向性を感じさせ、流れの川下に向かっているように見える。僕は楼閣好きで、詩仙堂の「嘯月楼《しょうげつろう》」のような楼閣を見ると、「あの小さな空間の中はどうなっているのだろう。内部に上がって、あそこから外を眺めたら気持ちいいだろうなあ」と、ついつい心が躍ってしまう。

楼閣ではないが、1960年、成城学園前にあった旧丹下健三邸を初めて訪れたときも、ほとんど同じ気持ちだった。1階部分が柱だけのピロティで、2階部分がフワリと宙に浮いているような建築だったので、あの2階から庭を見下ろしたら、どんなに気持ちいいだろうと想像したからだ。外にいながら内部を想像し、その内部から今、自分がいる外部を眺めることを想像するという繰り返しによって、まるで庭師になったような心境を誘発されるのである。

「聴秋閣」の楼閣に上がる階段は1階の裏手にあり、階段の側板（ささら）がホニョと曲がっていて、頭をぶつけない工夫だと感じた。この側板は曲がった自然木から切り出したのかと思っていたが、腰原さんが「木目が曲がっていないから、板材をわざわざこの形に切り出したんでしょう」と鑑定。

ふと見ると、階段下の陰に低い襖があり、開けると奥につながっている。奥で行う茶席の亭主口になっているらしい。なんだか遊具のようだが、茶道だって大人の遊びだから同じだな!と微笑ましかった。

さあ、待望の2階に上がろう。上がると、広さ1坪もない小上がりがあり、正面と左右には障子が建て込まれ、右手は華頭窓になっている。火頭窓から外を見ると、禅僧で作庭家としても知られる夢窓疎石が開創した永保寺の「無際橋」（140ページ参照）のごとき橋と、三重塔が見える。三溪園をつくった原三溪は夢窓疎石の庭が大好きだったらしい。

景色もさることながら、この心地よい狭さを持つ空間から外を眺めながら酒が呑めたら、どんなに気持ちいいことだろう。以前、腰原さんと名建築で一献やりたいねと話していたが、聴秋閣はその筆頭かなと感じた。名建築には酒と抹茶が合う。ぜひ、いつかどこかで実現したいものだ。「何でも酒に結びつける」と厳しい声も聞こえてきそうだが、名建築は酒呑みの心を刺激するのだから仕方がない。

それにしても、なぜ人はほどよい狭さに心地よさを感じるのだろう。ヤドカリやタニシじゃあるまいし。たとえ木造であっても、最小限のシェルターに身を預けることで安堵を感じ、思考を巡らせることができるからなのだろうか。（藤塚光政）

構造学者の眼から見た木造遺産——三溪園 聴秋閣

小規模な書院建築では、空間構成が重要であり、大空間の構造とは異なり空間の変化に対応できる構造形式が必要とされる。

土間、床、床の間、棚といった異なる床の高さ、空間の大きさ、格付けによって変化する天井の高さ、個々の部屋の大きさに応じた柱、壁の配置、敷地に応じて斜め方向にも配置される壁、下階と無関係の位置、大きさに配置させられた2階の望楼。当然、柱の位置は上下階で一致しない。

自重を支える柱であるから、2階の柱の位置と1階の柱の位置は、一致している方が構造的にはよい。空間構成を優先するか、構造的合理性を優先するかの選択が求められるが、自重が軽い木造建築では、梁の架け方を工夫すれば、多少の柱の位置のずれは許容できてしまう。

せまい部屋に配置された階段のささらは、昇り降りで天井に頭をぶつけないように、傾斜を変化させるとともに、階段下に茶室としての茶道口を確保するために絶妙の形状になっている。自然木の曲がり材を使用したといいたいところであるが、ここでは板材を複雑な曲線状に切り出している。加工性の高さによる対応力も木造建築の長所である。2階に昇ると、華奢な構造に少し不安になるが、万人が自由に使用するのではなく、数を制限して限定された使い方をすれば、十分な構造性能を持っている。

最後に、自由に配置された部屋を覆う屋根は複雑な形状となるが、和小屋は柔軟に対応が可能であり、その外観が内部の空間構成を想像させ、この建物の旧名称である「三笠閣」の由来となる。

大空間の架構美だけでなく、繊細な構成に対応できるのも伝統木造建築の技術である。（腰原幹雄）

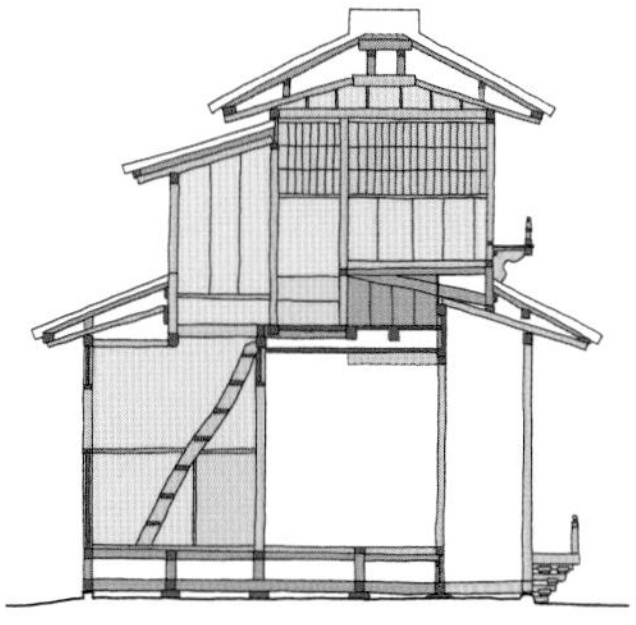

断面図

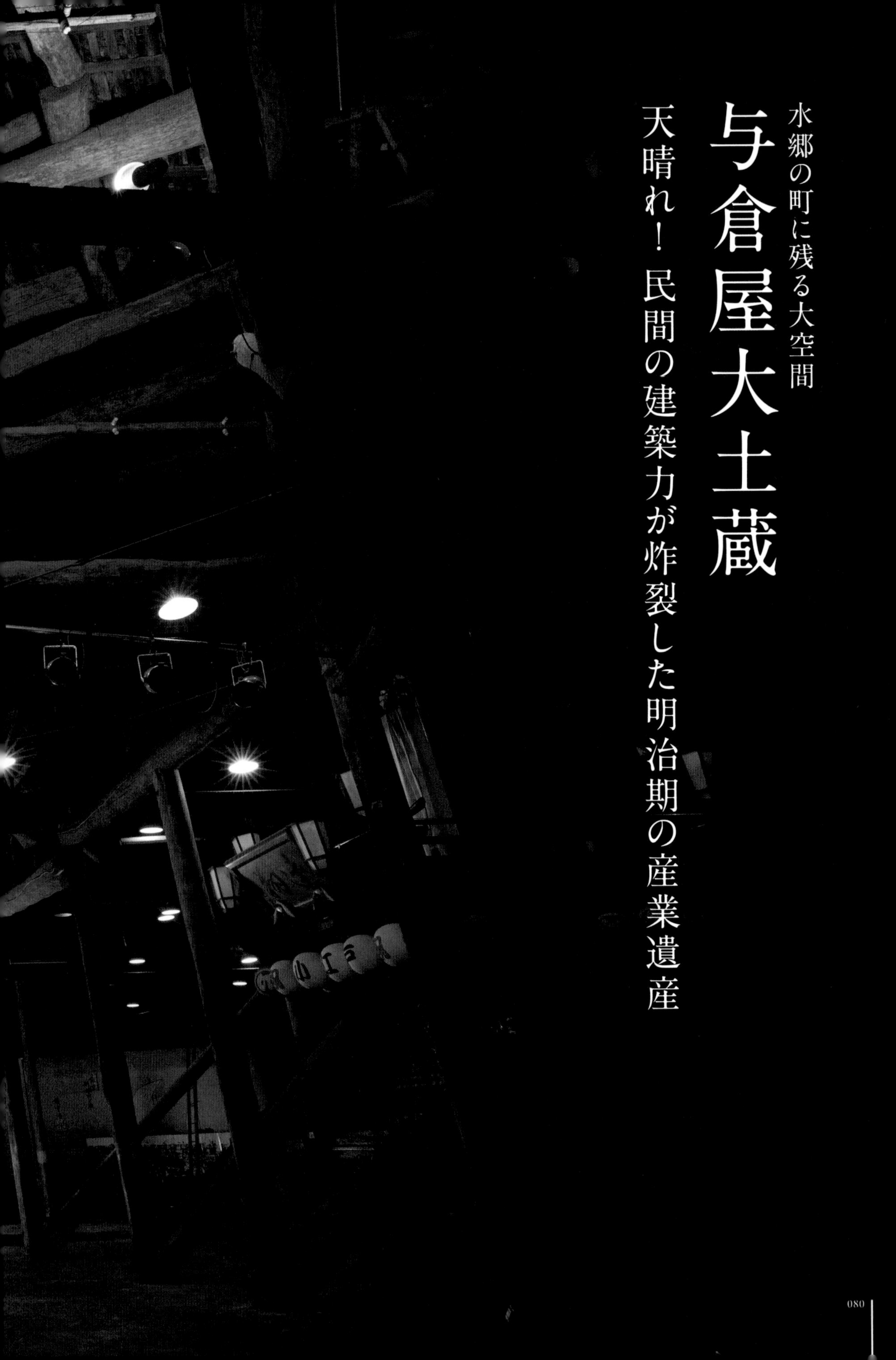

水郷の町に残る大空間

与倉屋大土蔵

天晴れ！ 民間の建築力が炸裂した明治期の産業遺産

道路側の入り口から入り、圧巻の架構を見上げる藤森照信先生と腰原幹雄先生。「これは面白いね。いやあ、今までよく残っていたねえ」と会話が弾む。

与倉屋大土蔵

千葉県香取市佐原イ1730　非公開（文化講演会、音楽会や各種イベントなどで公開される）。　お問い合わせ / ☎090-9009-1610（菅井）

ハツモノを紹介しよう。これまで、国宝や重文のような周知の名作ばかりを主に取り上げてきたが、今回は本書の読者が初の目撃者となる。

写真を見てほしい。日本の伝統建築を知らない人は「これも建築なのか」と首をかしげ、専門家は「こんなものが埋もれていたのか」と、日本の木造建築の庇の深さに驚く。

土間に柱が立ち、小屋組が露出するまではいいとして、小屋組に投入された過剰な量の部材が四方八方に行き交い、秩序を旨とする構造体というより、古屋にわだかまる古材の集積のように見える。とりわけ煤けて左右に曲がった丸太梁は、誰がどんな技術で組み合わせたのか魔法のよう。

小屋組に山から伐り出されたままの丸太を使うのは、東アジアに少しあるものの、ヨーロッパには見当たらないやり方で、日本でのルーツを辿ると縄文時代の竪穴住居に行き着く。湿りを帯びて薄暗い土間に立つ丸太柱と、その上の闇を走る曲がった丸太の梁、まさしく縄文的な作りと空間に違いない。

こうした縄文的質をより強調するのは、広大な土間の平面形で、四角形ではなく、一辺がゆるく湾曲するなど多角形をとる。一辺の湾曲は小屋組にも影響し、なんと棟木もカーブしながら屋根のてっぺんを走っている。曲がる棟は、初めて見た。

縄文時代に始まる曲がる木造建築の流れは、ここに極まれり。

といっても、作られた場所は長い歴史を誇る関西ではなく千葉県佐原で、完成した年も、江戸時代ではなく明治22(1889)年。名は歌舞伎にでも登場しそうな〈与倉屋大土蔵〉。

なぜ佐原に。佐原といえば、幕末に日本地図を作った伊能忠敬《いのうただたか》となるが、江戸時代には利根川水系の湊町としてにぎわい、関東地方における物流と情報の拠点の一つだった。その湊町に水運用の濠をはさんで、伊能家と向かい合っていたのが与倉屋で、九代当主の菅井康太郎さんによると、江戸時代には酒を造っていたが、明治になってからは醤油と味噌に替わり、最盛期は明治末で、千葉県一の納税者となっている。大土蔵は醸造用の蔵だった。

左:隣接する別棟の釜の上部。 中:物が当たって壁を傷めないよう設けられた荷ずり板は倉庫の名残。 右:力を分散させるため用いられた肘木。

釜屋側の入り口に立つ藤森先生。小屋組の梁は5段に及ぶ。明治22年に醤油の醸造場として作られて以来、
戦後米蔵として使われるまで、用途に合わせて補修を繰り返しながら今に至る。

なぜ明治22年に。国際貿易港となった横浜や神戸と違い、江戸時代に根拠を持つ湊町が明治になってからも傾かなかったのはなぜなのか。たしかに近代化がもっと進み、鉄道が敷かれ、大型の蒸気船が行き交うようになると傾いて当然だが、それ以前の明治前半の地方都市にあっては事情が違い、幕藩体制による政治的、経済的、社会的な統制が解かれ、幕藩の縄張と身分の別を超えて、全国的に自由な商売が可能になると、進取の気性に富む商人は、伝統的な製造業、販売業の枠の中ではあったが成長し、江戸時代以上に栄えることができた。

一棟254坪という日本一広い醸造蔵は、明治前半だからこそ、この地で可能になった。

佐原で明治22年の事情は分かったとして、建築そのものについては、この建物の存在を建築史家に教えてくれた建築構造学者の腰原幹雄にも、判然としない大きな謎がある。

なぜ、平面と棟を曲げるようなヘンなことをしたのか。なぜ、小屋組がこれほど複雑になり、一見無秩序な小屋組をどうやって組み立てたのか。細かいことでは、この時期のこの大きさの建物ならあってしかるべき建築金物が、ほとんど使われていないのはなぜか。

ヒントは菅井さんが与えてくれた。「大工をはじめ、与倉屋出入りの大勢の職人たちが自力で建て、小屋組は、小学校の校庭で仮組して、臨んだと聞いています」。

そういうことだったのか。日頃から世話になる与倉屋が、一世一代の醸造蔵を建てるのだから、無理を承知で変形した敷地いっぱいを使おう。平面も棟も歪むが、普通は絶対やらないこと、そう、小屋組の梁を少しずつズラして組んでみよう。地上で仮組してからやればできるだろう――。そのような考えで実行したに違いない。

なお、外壁には長いこと漆喰が見えていたが、昭和35年、政府指定の米蔵に変わったとき、防火性能向上のためモルタルが上塗りされた。ただし中の土壁は今も健在。

左：主屋2階からの眺め。左奥に見える5つの換気口が並ぶところが大土蔵。続いて3棟の樽蔵が並ぶ。　右：建物南側は非常に鋭角的。

昭和35年に葺き直された屋根の数万枚の瓦は再利用。
1枚ずつ手作業で引っ掛け桟瓦に改造された。複雑な八角形の形状に見事にフィットしている。

構造学者の眼から見た木造遺産——与倉屋大土蔵

伝統木造建築では、建物の形式によって木割に基づいて、規則正しく柱梁を配置するのが基本であった。しかし、近代の産業建築になると、合理性、経済性も重視されるようになる。特に、土地の価値の高い都市部では敷地の有効活用から、敷地の形状に応じた建物形状の変形に適応する技術も求められるようになる。

大土蔵は、直角に交差しない曲がった道路の角地に建っており、敷地一杯に建物を建設するには、長方形の建物は難しい。梁間、桁行方向に部材を直交させる技術として整備されてきた木造建築技術を、応用して変形敷地に対応しなければならなかった。そこで、建物に大きく二つの軸線を設定して、二つの直交座標系を組み合わせた平面形が採用されている。しかし、このようにすると、直角以外の角度で交差し、柱に多数の梁がぶつかることになってしまう。そこで、さまざまな角度で接合させるために、柱は四角ではなく、丸太のままの円形としている。製材する加工手間を省略しながら、変形座標系に適応するには、もってこいである。従来の1点に交差する複数の部材をきれいに納める仕口の木組技術ではなく、交差する高さをずらすことで、1点に交差する部材の数を減らして、仕口を簡略化している。結果、南北方向を向いた1層目の直交座標系（図中青）と、道路に沿った2層目の直交座標系（図中赤）が、高さと角度をずらしながら交錯する。最上層、3層目の屋根を構成する小屋組は、棟の形状に応じて整然とした座標系（図中黄）の和小屋になっている。和小屋は、同じ梁の上であれば束を立てる位置は自由で、この建物のように微妙に弓なりになっている棟の形状の変化にも対応しやすい。

こうして整理すると、複雑に見える架構からも規則性をみてとることができる。厳密な規則があるようにみえる伝統木造の技術も、基本技術をうまく組み合わせることにより、変形敷地にも適用できるように、柔軟な対応ができるのも、その特徴である。

（腰原幹雄）

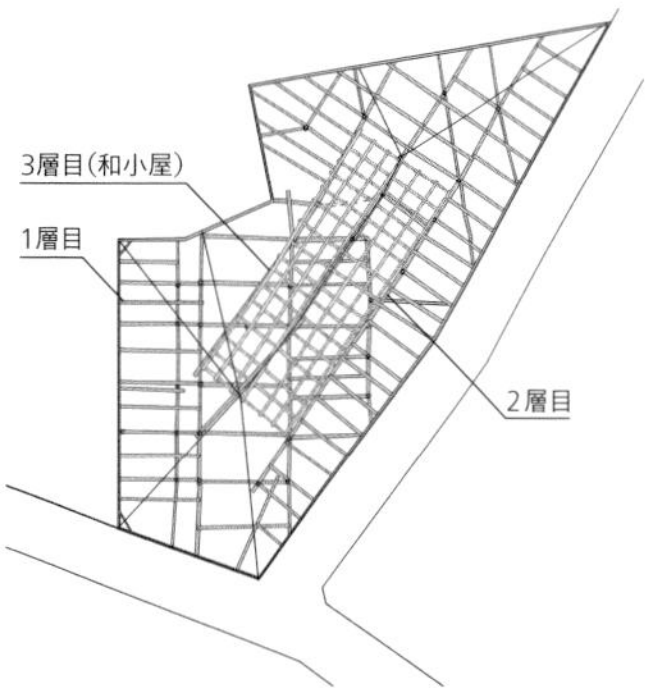

小屋組伏図

松島青龍山

瑞巌円福禅寺 本堂

造営は伊達政宗公。みちのくに桃山文化の華開く

瑞巌円福禅寺 本堂

宮城県宮城郡松島町松島字町内91　拝観時間 / 8時30分～17時（季節によって閉門時間が異なります）　拝観料 / 大人700円　小中学生400円
お問い合わせ / ☎022（354）2023

「上段の間」。藩主御成りの間で伊達政宗甲冑倚像の後ろに火頭窓と違い棚、右手に帳台構を備えた書院造。床の間は「梅竹図」、帳台構は「牡丹図」、違い棚天袋は「飛天図」。障壁画の「四季花卉図」を含め、長谷川等胤の筆による。

縄文時代に始まる日本の住いの長い長い歴史は、長い割に複雑ではない。

まず、農民を中心とする庶民の住宅と、貴族、大名、大寺院付属の邸宅の二つに分かれ、前者は、竪穴住居から草葺民家へと到り、後者は、高床住居から寝殿造、さらに書院造に到った時点で茶室が出現し、茶室の影響を受けて書院造が数寄屋造へと変わる。

現存例は、民家、寝殿造、書院造、茶室、数寄屋造の5スタイルしかないから、この五つの成立事情と建築的特徴を知れば、どんな住宅を訪れても目と脳は楽しむことが可能になる。

五つの中でどれが大事かと問われれば、何の迷いもなく書院造と答える。このスタイルこそ、日本列島の住いの歩みの胴体ともいうべき役割を果たしてきたからだ。ここでは、その胴体を扱いたい。

成立事情を述べると、鎌倉時代に台頭した武家が、引き続く室町時代を通して生み出し、安土桃山時代に信長、秀吉、家康世代によって頂点に達している。

建設特徴を列記すると、床には畳を敷き、壁位置には障子や襖を立て、上には天井を張り、こうして生まれた四角な空間の正面には、床の間を設ける。畳、障子、襖、天井、床の間、すべて読者のよく知る建築部位名に違いないが、こうした誰もが知る日本の住いの内容を成立させたのが、書院造なのである。

武家の書院造に先行する貴族の寝殿造には、天井も障子も襖もなかったから、そもそも固定した部屋というものが成立していなかったし、当然、部屋の見せ場となる床の間もなかった。

その書院造の実例のどれを取り上げようかと思案し、瑞巌寺を選んだのは、信長、秀吉、家康と天下を争った伊達政宗の造営になり、かつ建設時の姿を留める現存最古の実例であり、近年、修理工事が完成し、往時の艶やかにして豪壮な姿を、今に見ることができるからだ。

瑞巌寺の建築は、左手の本堂と右手の庫裡《くり》に分かれ、ここでは書院造による本堂を扱う。

本堂は、仏を祀る室中《しっちゅう》を中央に置き、右手には家臣たちの、左手は政宗（後には伊達家当主）の参詣用にあてられ、政宗はここに何泊かして先祖の菩提を弔い、人と会い、松島の海と島の風光を楽しんでいる。

本堂は正面38㍍、棟高17.3㍍、約278坪で入母屋造の本瓦葺。

杉木立から瑞巌寺の中門を望む。

室中。通称孔雀の間。天井は二重折上小組格天井《こくみこうてんじょう》。中央には牡丹、椿、菊の彫刻が施されている。天井から垂れているのは各方位を守護する持国天、増長天、広目天、多聞天の名前を刺繍した幡。金壁画は狩野左京の筆による「松孔雀図」。欄間の雲に飛天の彩色彫刻から此土浄土（極楽浄土）が表現されている。中央の板敷きも創建当時のまま。奥には仏間がある。床の周囲にのみ畳を敷くのは、初期の書院造の姿を伝える。

左上：右角の折上部分。折上天井の湾曲した太い材を「亀尾《かめのお》」、細い材を「蛇骨子《じゃぼこ》」と呼ぶ。　左下：東広縁からみた「文王の間」上の透し彫りの欄間彫刻。梅に松、太鼓の上に鶏《かんこのとり》（諌鼓鶏）が乗っている。　右：落縁先に柱を立て、建物内部として柱間に板戸を立て込む造りは類をみない。雪国の冬季に備えるため。

書院造は戦後の生活改善運動が起きるまで、どの家においても格上の部屋であり、冠婚葬祭や接客といった〝おもてなし〟にもっぱら使われているが、こうした格上感覚は武家社会でこそ力をふるい、大名屋敷にあっては床の間の前に段を付け〝上段の間〟が設けられている。

瑞巌寺本堂の上段の間には政宗の17回忌に、正室の愛姫《めごひめ》と二代忠宗の記憶をたどって造らせた等身大の木像（複製）が置かれ、背後には〝床《とこ》〟、右手には〝床柱〟、さらに右手には〝違い棚〟〝帳台構《ちょうだいがまえ》〟（これを武者隠《むしゃかくし》ともいうが、そんな用途はなかった）と続く。床の左には普通は〝付け書院〟が付き、〝床〟〝違い棚〟〝付け書院〟の三つ一組をもって床の間の標準とする。

普通は付け書院が付く位置をよく見ると、もう一段上がって〝上々段の間〟が隠されているのが分かるだろう。政宗が上々段の間で迎える相手となると、この部屋が完成した慶長14（1609）年の段階では、後水尾天皇と豊臣秀頼と徳川家康の3人しかいない。

本堂左手の〝御成り〟の玄関を見ると、屋根が瓦葺を採るから、相手は天皇ではないことが分かる。天皇の御成りの玄関は〝檜皮葺〟が習いだからだ。家康が京に造った二条城の御殿は、当初すべて瓦葺であったが、三代将軍徳川家光が後水尾天皇を迎えるにあたり、玄関は檜皮葺に改められている。では秀頼か。すでに東西両陣営に分かれており、大坂の秀頼が江戸を越えて仙台まで来るとは考えられないから、この上々段は、家康を迎えるためと考えていいだろう。

長命の政宗は、家康、秀忠、家光の三代の徳川将軍家と重なり、晩年は江戸城に毎年参上して、信長、秀吉、家康の同世代の生き残りとして孫のような家光に昔の軍《いくさ》話をよくしたという。政宗は、同世代の中の最若手として何度か天下をうかがうチャンスがあり、その都度、秀吉や家康から疑いの目を向けられ続けてきた。家康の天下が決まった後、自分の座す上段の上に上々段を設けることで、徳川の天下を認めることを建築によって公にした、のかもしれない。

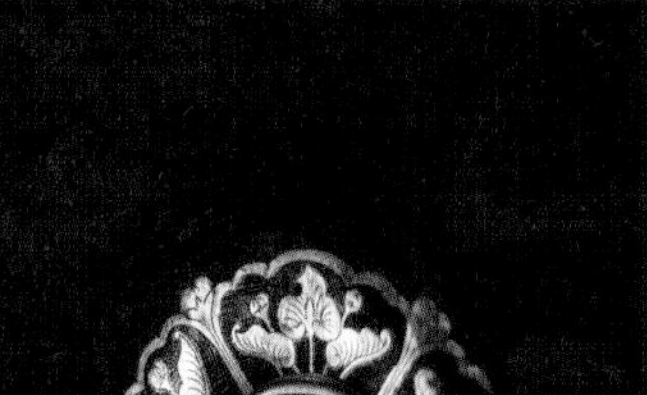

左：襖引手も往時のまま。　右：「墨絵の間」正面の「寒山拾得図」。左に「龍虎図」右には「猪頭和尚図」。金地濃彩で埋め尽くされた他とは対照的に、水墨画で構成されている。襖絵はここのみ復元（模写）でなく往時のまま。中世末期に三春で活躍した雪村周継様式を踏襲した吉備幸益作。

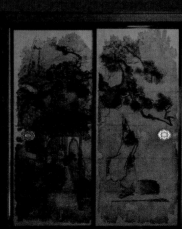

「墨絵の間」の床の間。

構造学者の眼から見た木造遺産――瑞巌円福禅寺 本堂

大屋根の木造建築。400年以上その屋根を支え続けてきた小屋組、柱梁、そして基礎。屋根の重量は、和小屋を通じて、あみだくじのように、下部の架構へ力を伝達していく。一見、建物の中央部分の柱に力が集中するように感じるが、実際には外側へ外側へと力は流されていき、外周の柱が屋根を支えることになる。特に、外周四隅の柱には、力が集中しがちである。このため、平面形が整然とした長方形でも、建物を支える基礎、地盤には均質に力がかかるのではなく、柱ごとにかかる力は異なってくる。

この力に対して十分な支持力をもつ地盤であれば、力の分布の変化にも対応して十分支持することができるが、この建物では支持地盤が正面に向かってなだらかに傾斜しているとともに、建物中央部においては、砂質層や粘性土が堆積したやや不安定な地盤上にある。支持地盤の不安定さは建物に不同沈下を生じさせ、床や軒線に不陸《ふろく》が生じることになる。構造的には木部材自体が変形に追従する柔らかさをもつとともに、接合部も建物の変形に追従して柔らかく変形できるため、壊れるわけではないが、少しずつ建物は歪んでしまう。

床下部の修理の痕跡をみると、寛文期では柱の四周に根巻板をつけた修理、明治期には根継により不陸の調整がされていた。明治の修理から100年のうちにも、60㍉以上沈下が進行し、柱の傾斜は最大で高さ2㍍に対して43㍉の傾斜を生じていた。平成の修理では、建物をいったん揚屋して、基礎の新設、柱根の補修、軸部の傾斜の是正を行い、旧位置に復旧する根本的な修理が実施された。

こうした修理の繰り返しが、木造建物を長く美しく維持し続ける秘訣である。
（腰原幹雄）

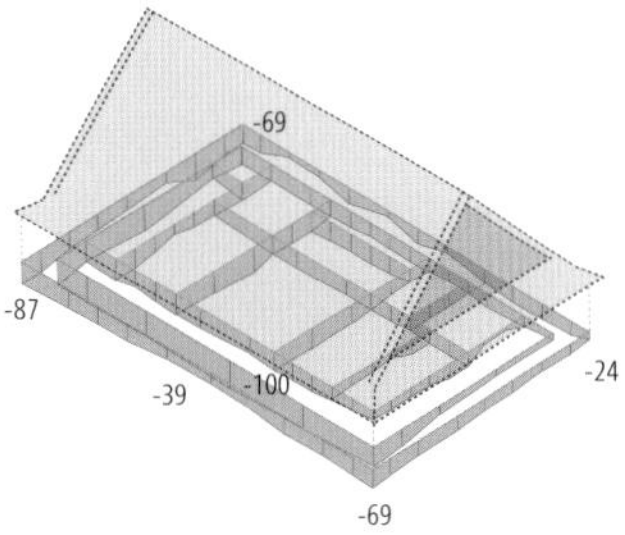

本堂不陸図　単位：㍉

松島青龍山

瑞巖円福禅寺 庫裡及び廊下

伊達政宗公の美意識が随所に窺える豪壮にして雅な遺構

瑞巌円福禅寺 庫裡及び廊下
宮城県宮城郡松島町松島字町内91　拝観時間 / 8時30分～17時（季節によって閉門時間が異なります）　拝観料 / 大人700円　小中学生400円
お問い合わせ / ☎022（354）2023

本堂の北東部に位置する庫裡正面。桁行23.6㍍、梁間13.8㍍の堂々たる風格。妻飾は瀟洒で、破風板の下には蕪懸魚《かぶらげぎょ》。奥には唐草彫刻の笈形《おいがた》が見える。4段に組まれた梁を受ける肘木にまで文様が施され、装飾性に富んだ木組の美しさは類を見ない。

久しぶりに松島の瑞巌寺を訪れ、杉の古木の立ち並ぶ参道を歩き、門に着いたところで振り返ると、参道入り口のすぐ先に海が広がり、小さな島々が浮かんでいる。浜辺に建つ禅宗の大寺院なんて類がないから不思議に思い、いただいたパンフレットを読むと、もともと松島ははるか昔、その光景からあの世と見なされ、浄土として信仰され、やがて寺が造られ、さらに政宗により瑞巌寺が造営されたという。

確かに、浄土信仰の造形表現として知られる平安時代の浄土庭園の、波静かな池に松の生えた小島が浮かび、姿のいい岩が顔を出す光景は、松島に通ずるし、その昔、日本屈指の浄土庭園の造られた平泉の毛越寺《もうつうじ》も松島の北方に位置するから、信心深いみちのくの人々が松島にこの世の浄土を見たとしても不思議はない。浄土庭園の最高の味わい方の舟遊びも松島にはある。

瑞巌寺の参道の周囲と浄土信仰の本拠の島であった雄島にも、岩窟がたくさん穿たれているから、禅の修行のための坐禅窟かとなんとなく思ったが、亡くなった人を安置して弔うための洞窟で、その証拠に、決まって仏像が置かれ墓標が刻まれている。

昔の記憶と違い、杉並木が少ないので尋ねると、先の大津波が参道の途中まで押し寄せ、塩水に浸かった杉は枯れてしまったという。

政宗は、なぜみちのくの海辺に、鎌倉にも京にも負けない大寺院を創設したかについて考えた。天下をうかがう政宗は、瑞巌寺完成（１６０９年）の４年後（１６１３年）、松島の東に位置する月ノ浦から、支倉常長率いる伊達使節団をバチカンに送っている。とすると、やがて天下を手中に収めた折には、松島から月ノ浦にかけてを国際交流の拠点とし、バチカンやポルトガルやスペインからの使節団や貿易商を迎え入れ、上陸した彼らに豪快にして壮麗な瑞巌寺を見せようとしたのではないか。信長がバチカンを意識して安土城を建てたように。

そんな想像を掻き立てる海辺の禅宗大寺院の建築について、本堂に続き２回目。

京都の大掛かりな禅宗の寺、たとえば天龍寺や相国寺を訪れると、本堂の脇に位置する、本堂とは

左：本堂へ続く西廊側から、庫裡のある東廊を見る。中廊は11間、高床の板張り。　右：本堂から見た廊下の外観。東端の突き出した部分は玄関を備えた看門寮。
右頁：庫裡内部から入り口を見たところ。丈夫の小屋組は柱の上に太い梁を縦横に架け渡し、その上に束を規則正しく立て、貫を幾重にも通してある。

違った印象の建物から入ることが多い。

ふつう仏教の本堂は平入り（水平に走る軒の下から入る屋根形式）だが、この建物は妻入り（平入りと直交する山形の屋根の壁面から入る）で、かつ妻壁の表現が著しく強い。屋根の上には何か突き出しているし。

本堂に付設するこの建物のことを庫裡と書いて「くり」と読み、禅宗独自の建物として知られ、用途は、台所と寺務所。

外観の特徴は、妻壁の造りにあり、タテの柱の上に水平の梁が走り、束を立て、その上にまた梁、を繰り返し、一番上の大梁の中央に束を立てて棟木を支える。梁と束の積み上げにより頂部の棟木を支える構造のことを〝和小屋組〟と呼び、寺院や神社や邸宅で用いられ、名の通り日本の伝統木造の中核をなす。

禅宗の庫裡ほど和小屋を強調して表現する建築はなく、とりわけ瑞巌寺は〝庫裡の中の庫裡〟ともいうべき存在で、一番上の大梁の上には他に例のない装飾的造作が付く。

きわめて実用的な入り口から中に入ると、土間。土間の右手にはいくつもの大きなカマドが口を開けているのが庫裡の習いだが、今は壁が立てられて見えない。

土間、カマドときて、庫裡の見せ場はもう一つあり、見上げると天井は張られておらず、煤けた大梁が宙を走る。大梁を受ける柱ももちろん太い。

土間にカマドが据えられ、太い柱の上には大梁がかかり、炊事のたびに立ち上がる煙は、小屋組を煤けさせ、頂部から抜けてゆく。外から見えた「屋根には何か突き出している」は台所の煙出しだった。

台所を中心機能とする庫裡が、これほどの充実を見せるには、宗教上の理由があり、禅宗においては、雑務も修行の一つに数えられ、米をとぐ中にも、火を焚く中にも、菜を切る中にも、坐禅と同じように、悟りがあると考えられていた。

大屋根の上には入母屋造の煙出しがのせられている。

室内から小屋組を見上げたところ。煙出しから光が差し込む。

構造学者の眼から見た木造遺産 ― 瑞巌円福禅寺 庫裡

庫裡は、寺務所や台所などの機能をもつ実用的な建物であるため、装飾が施される例はあまり見られないが、この建物では、正面上部の複雑に組み上げられた梁と束、妻飾の豪壮な唐草彫刻が、漆喰上に美しく設えられている。内部では、大小無数の貫梁が縦横に架け渡され、煙出しのある大屋根をもつ豪快な建物である。

煙出しは、当然、台所の機能上必要なものであるが、この建物では、方2間、入母屋造、本瓦葺で袴腰を付した象徴的な様式になっており、まるで櫓のようにも見える。側柱は、大屋根の棟下に架けられた梁の上に建てられ、長押《なげし》を廻して四周に連子窓、頭貫《かしらぬき》上に三斗組で、入母屋造の小屋組が載る。上下の柱の通り、芯がずれても成立するのが、和小屋の特徴であり、構造的には、煙出し部分が独立した建物のように、大屋根に載っていることになる。一方、外観は、煙出しの長押部分から下方向に末広がりに延びる袴腰が、大屋根との一体感を生み出している。

断面図を見ると、大屋根と煙出しの関係が分かりやすい。大屋根を支える小屋組は、下部の太い柱の上に架かる大断面の曲がり梁を起点として、そこから束と貫を用いて豪快に構成、棟の少し下に再び太い梁で井桁上に組まれた煙出しの土台を構成し、煙出しの位置と大きさを自由にしている。独立した構造の煙出しの小屋組は、最頂部で小さいながら組物まで有した格式ある架構になっている。

機能的な部位も、構成の規則の中で格の高い構成とすることができるのが、伝統木造建築である。(腰原幹雄)

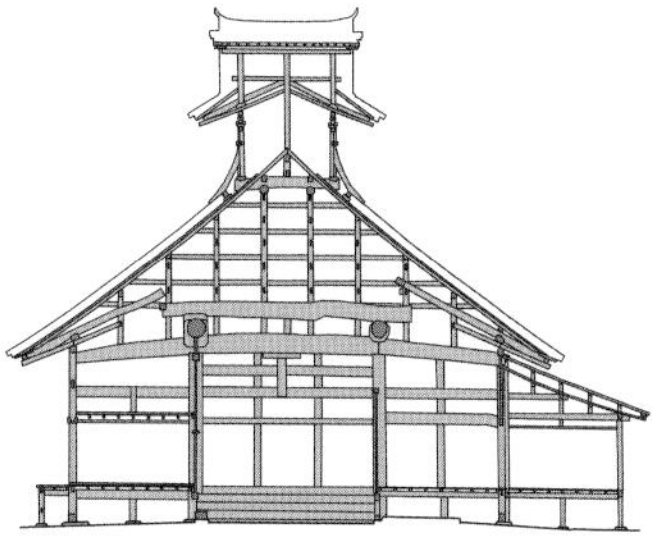

庫裡断面図

春日大社 御本殿

1250年前の姿が甦る神社建築の始原

20年に一度の大規模修繕、第60次式年造替（平成27・28年）を終え、美しく塗り直された中門（重要文化財）。正面から、第二殿と第三殿の御本殿の間を連結する御《お》間塀《あいべい》（絵馬板）に描かれた獅子牡丹図を見る。

春日大社

奈良県奈良市春日野町160　開門時間 / 6時30分～17時30分（3月～10月）、7時～17時（11月～2月）　御本殿特別参拝 / 9時～16時（除外日あり）　初穂料 / 500円　お問い合わせ / ☎0742（22）7788

奈良を訪れ、御蓋山《みかさやま》（三笠山）に向かって木立の中の坂道を上り、左手に春日大社の社殿が現れると、まず視線は鮮やかな朱色をとらえる。奈良の社寺の朱色は酸化水銀による本朱《ほんしゅ》と酸化鉄によるベンガラの二種があるが、これだけ鮮やかなのは最高級の本朱だからだ。

朱色をとらえた次に、建物を見て少しとまどう。朱に塗られた建物の建つ敷地が斜めに傾いているではないか。門から中に入り、本殿の前に立つと、さらにとまどうことになる。まず社殿があまりに小さいうえ、四つの同じ姿のそれらが、段々に下りながら並ぶ。日本の名だたる大社なのにこれはどうしたことか。神の宿る御蓋山の斜面を、大きく削ったり盛り土して平坦化することは避け、できるだけ自然に手を加えないように心して、広い平地を必要としない小さな建物を一つ一つていねいに作ってきたから、敷地全体が傾いた状態になったのにちがいない。

こう考えたのは、平成27年第六〇次式年造替にあたり、本殿の奥に置かれた依代《よりしろ》の岩（盤座《いわくら》）が、初めて公開されたからだ。神社の基となる自然信仰では、自然の精霊（神さま）は山や岩や川や巨木などに宿り、これを依代といい、大切に扱う。

大社の依代の岩は、四つの社殿のうち一番上の奥に位置し、地面からチョコッと顔を出す。あまりに小さいばかりか、理由は知らないが、漆喰で凸凹した山形に塗り込められている。これほど小さく、かつ漆喰で固められた依代は他に知らない。

その昔、人々が御蓋山全域に宿る自然の精霊たちへの想いを初めて形に表わそうとした時、この小さな岩の露頭が、山全体にまつわる奇瑞や神秘ですでに知られていたから、代表的依代として祀り祈るようになったのかもしれない。

やがて盤座の前に小さな社《やしろ》が建てられ、鹿に乗って降臨したというタケミカヅチノミコトが祀られ、さらに、三柱の命《みこと》が、順に段々と下りながら祀られたのではないか。

小さな依代から始まり、しだいに建築化し、数を増やしていった、と考えるなら、本殿の小ささも

手前は斎庭《ゆにわ》に並ぶ末社・後殿《うしろどの》で御本殿北側にある。足元には土台の井桁。

各殿の間には屋根からの雨を受ける大樋がある。

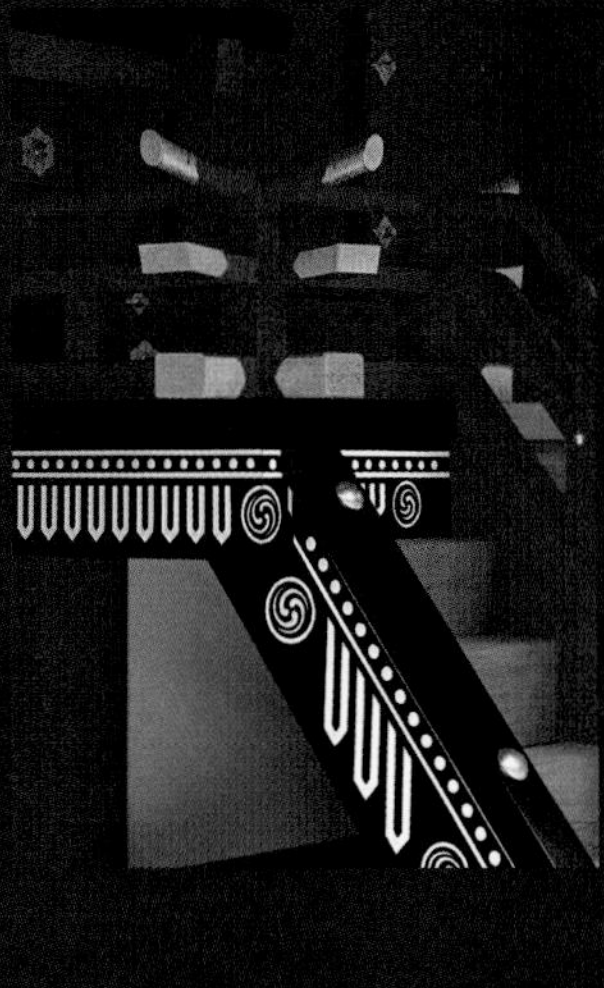

上：屋根を葺き替え漆も塗り直され、美しさを取り戻した国宝の御本殿。この御本殿は江戸末期、文久3(1863)年の第53次式年造替の折に建て替えられている。　左：木階《きざはし》の側板（雁字板《がんじいた》）は黒漆塗、白胡粉で剣巴文が描かれている。

段々配置も納得できよう。

そもそも洋の東西を問わず、宗教建築は小から始まって大に到るとするなら、春日大社の小ささは、神社建築の起源の姿を今に伝える証にちがいない。

神社建築の起源、正確には一つの起源は春日にあると、建築史は教えてくれる。千木《ちぎ》や鰹木《かつおぎ》が載り、檜皮で葺かれ、床が高いところは神社一般と変わらないが、階段の裏に隠れている土台に注目してほしい。しかし、本殿の写真からは分かりづらいので、近くに並ぶ小社の足元を見てほしい（１００ページ下）。井桁状に組まれた土台の端部が交点からはみ出し、必要以上に延びている点に気づくだろう。

建築史的にいうと、〝春日造〟と呼ばれる始原的形式は、①小さい、②庇が前に大きくせり出す。この二つを目立つ特徴とし、③土台が端から長く延びる、を隠れた特徴とするが、私が一番謎に思うのは土台で、なんでこんなヘンな造りをしているんだろうか、ということ。

人体の尾骶骨《びていこつ》のように、何かの名残ではあるまいか。そう、祭りの時、御輿に肩を入れてかつぐ棹の名残。日本の神社の神さまは、氏子のかつぐ御輿に乗って移動できるという、世界的にも珍しい特性を持つ。

依代→御輿→春日造、という神社建築の進化過程を私が実感したのは、春日大社が12月16日の深夜に行う〝若宮おん祭〟の〝遷幸《せんこう》の儀〟の参列者の列に磯崎 新に誘われて加わった時で、すべての明りを消した森の中の参道を、何人もの白装束の社人《しゃにん》がかかげる竹柏《なぎ》の枝に囲まれた神さまが、つき従う参列者たちの腹の底から出すオー、オー、という吐息ともうなりともつかぬ声とともに降りて行く。

暗闇の中、山の精霊が、人々の体から出る息（気）に寿がれ、緑の枝に乗って山から里へと降りて行く習いと、神さまが御輿に乗って移動するのは底でつながっている。

春日大社は、岩の依代といい、山の〝御子神《みこがみ》さま〟を里へと降ろす〝若宮おん祭〟といい、御輿のような春日造といい、神社建築が生まれた頃の様子を今によく伝えてくれる。

正面の御扉には金箔が押された美しい錠と銹金具。

見上げると大樋の両側に身舎《もや》の垂木が見て取れる。感覚が狭い繁垂木となっている。

撮影記

昭和48(1973)年に完成した春日大社宝物殿は、昭和期を代表する建築家として知られる谷口吉郎の設計だった。そして、平成28(2016)年9月に宝物殿を増改築した国宝殿を設計したのが、弥田俊男設計建築事務所の弥田俊男である。独立前、隈研吾の事務所に在籍し、チーフを務めていた弥田は、センスも仕事ぶりも抜群で、若い所員に怖れられつつも一目も二目も置かれていた。

その弥田俊男から最初に春日大社国宝殿の撮影依頼を受けたのが縁で、のちに春日大社から第60回式年造替後の撮影を任されることになった。

伊勢神宮の式年遷宮は、神殿も場所を移すが、式年造替は同じ場所に神殿をつくり替える。考えてみれば、春日大社は御神体の御蓋山の上に存在するのだから、遷宮はありえない。

神域である御本殿は、普段見ることはできない。この本に掲載した写真は、神様が移殿にお移りになり、式年造替の工事が終わった直後、神様がまだ移殿から御本殿にお帰りになる直前に撮影したものだ。弥田との縁がなければ、20年に一度の貴重な式年造替のチャンスに、春日大社の写真を撮影することは不可能だった。なんとありがたいご縁だろうか。

造替竣工したばかりの朱色のめでたさは圧巻であった。それは、理屈を超え、言葉を超え、1260年の時を一瞬にして超えて、落慶時の場にいるような感覚だった。こうして、僕にとって春日大社は日本一美しい神社となったのである。

御本殿内部の撮影の時、第四殿から第一殿を見ると、かすかに敷地の傾斜を感じる。手前から奥に向かって、少し上り坂になっている。概ね、建築をつくるときには敷地を水平に均すのに、どうしたことだろうといぶかった。北野治権禰宜に聞くと、確かにそのとおりで、傾斜しているという。御神体の御蓋山方向に向かって上っているのである。

それは、御神体である山の地面を傷つけることのないように、土地に合わせて、四つの神殿を造営したからだ。御本殿だけでなく、春日大社のすべての建物は、敷地に手を加えることなく、敷地の傾斜をそのまま生かしながら建設されているそうだ。

その話を聞いて、清拭してあるとはいえ、神域に土足で立つ小心者の僕は、改めて畏れ多さを感じた。

今回の式年造替工事は、社寺などの伝統建築や文化財の修繕などを得意とし、デービッド・アトキンソン氏が社長を務める小西美術工藝社が担当した。僕は日頃から、同社と同氏に深い敬意を感じていることもあり、美しい建築の完成がとてもうれしかった。

残念ながら、春日大社を訪れても御本殿は見学はできないので、そこは本書の写真を見ていただくとして、それでも、一度は実際に春日の地を訪れ、神域を肌で感じてほしい。神域は見るものではなく、全身全霊で感じるものである。(藤塚光政)

構造学者の眼から見た木造遺産——春日大社 御本殿

春日造は、井桁状に組まれた敷土台の上に柱が立つことが特徴の一つである。伊勢神宮のように柱を地面に埋め込んで固定する掘立柱は、柱脚がしっかり固定される反面、木材が直接地面と接するため、木材が水分を吸い上げやすくなり腐るという欠点がある。このため、定期的に柱または柱脚部を交換しなければならなくなってしまう。柱を地面から切り離すために、礎石の上に柱を建てる石場立てが生まれることになる。柱と地面の間に石を設置することによって側面は土と直接接触することがなくなり耐久性は向上するが、木材の木口面(年輪が見える面)は水分を吸い上げやすいため礎石との接触面にはやや欠点が残る。そこで、柱の木口を地面から完全に切り離すために敷土台が生まれた。横向きに敷かれた木材の土台は柱とは異なり、繊維方向の側面が敷石と接するため水分を吸収しにくく、柱はこの土台の上に立つため木口から水を吸う心配も少なくなり耐久性が向上する。

一方、地震対策としては土台を用いても柱脚をしっかり固定しておきたい。柱脚と土台の接合はほぞが用いられるが、土台にあけられたほぞ穴が弱点になってしまう。特に部材の端部にあけられた穴は割れやすく、性能を大きく低下させることになる。そこで、ほぞ穴のまわりに十分な木材の余長を確保しようとした結果、土台は柱の直下でとまらずに、柱から外側に延びることになる。土台が大きく延びるのは、転倒に対する脚元のふんばりに貢献し、耐震性が向上することになる。井桁に組まれ大きく延びる土台は、耐久性の向上と耐震性の向上を兼ねた伝統木造の知恵である。(腰原幹雄)

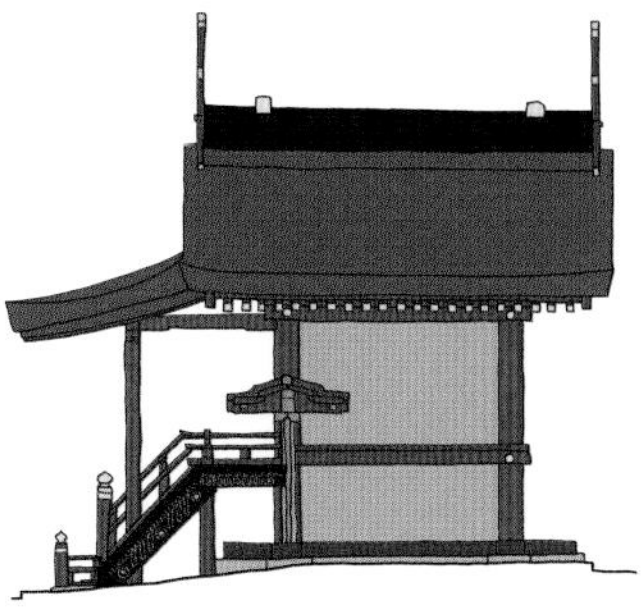

春日造側面図(濃い赤の部分が土台)

臨済宗相国寺派

東山慈照寺 東求堂

将軍・足利義政公の同仁斎は端麗枯淡の美、極まる

東山慈照寺 東求堂

京都府京都市左京区銀閣寺町2　拝観時間 / 8時30分〜17時（ただし12月1日から2月末は9時〜16時30分）　拝観料 / 高校生以上 500円、小中学生300円　お問い合わせ / ☎075（771）5725（寺務所）

錦鏡池《きんきょうち》の白鶴島越しに見る東求堂。入母屋造で檜皮葺。仏間、脇座敷、書院「同仁斎」、六畳の4間が襖で区切られている。正面の仏間は桟唐戸の両脇に連子窓《れんじまど》があるが、他は引き違いの舞良戸《まいらど》。戸を開けると内側には明り障子。撮影の朝、屋根には初霜が降りた。

銀閣寺を訪れると、間に砂山の庭（銀沙灘《ぎんしゃだん》）を挟んで、山寄りに小さな建物が建っている。威儀を正した面持ちからしてお寺のような、障子が目立つから住いのような、その正体は両方で、室町幕府八代将軍・足利義政が持仏堂兼別荘として建てたもので、優れた知識人でもあった義政が京の東山のほとりで推進した〝東山文化〟の粋の一つとして知られる。

名は〈東求堂《とうぐどう》〉というが建築史上では北向きの小部屋が名高く、小部屋にもかかわらず〈同仁斎《どうじんさい》〉なる名を持ち、かつては草庵茶室の原型と言われたりもした。そうした説が生まれたのには理由があり、小部屋にもかかわらず炉が切られ、棚には茶道具などが並べられていたからだ。とさりげなく書いたが、棚の絵入りの記録としては日本建築史上ブッチギリで古く、義政のこの小部屋にかけた想いの深さがしのばれよう。ちなみに今回の撮影にあたり、書院飾りを復原してくれた。

八代将軍は、南向きの部屋で阿弥陀如来を拝した後、背中合わせの同仁斎に移り、おそらく一人もしくは主客二人で、茶を点てて喫み、棚の唐物（宋からの渡来品）を愛で、時には詩や文を綴り、疲れると障子を開けて、視線を庭に遊ばせた。同仁斎が、草庵茶室の原型と目されたのは、四畳半だったからだ。

日本の部屋には面積の基準がある。世界的には珍しい建築史上のこの習いが発生したのは畳のおかげで、畳を敷き詰めて部屋を作ると、当然のように部屋の面積は畳の枚数に納まらざるを得ず、十二畳とか八畳とか四畳半の基準が生まれ、一度生まれると便利だから皆が使い、やがて永井荷風の『四畳半襖の下張《したばり》』のように、「四畳半」と言っただけで意味を帯びる。「四畳半」は隠された私室を、「下張り」は秘め事を示す。畳によってもたらされた基準の広い方は、三間《げん》四方（9坪）の十八畳で、九間《ここのま》と呼ぶ。わざわざ呼び名が付いたのは「九間」こそ、基準化のスタートだったからだ。

平安時代に全盛を誇る住宅形式の寝殿造は、部屋という安定した平面形式を持たず、広い板の間の上に仮設の仕切りを立てて済ませていたが、やがて仲間が集まって歌を詠んだり、舞や茶を楽しむため、閉じた狭い空間が求められ、それが面積でいうと、九間を成立させた。

左：「同仁斎」側の外観。舞良戸の上には蔀戸《しとみど》があり、上げると障子越しの柔らかな光がたっぷり室内に差し込む。　右：「同仁斎」東面の明り障子を開けたところ。軒は二軒《ふたのき》の疎垂木《まばらだるき》。

「同仁斎」正面には1間幅の付書院と左に半間幅の違棚。高さ23.5㌢の付書院の右端に置かれた軸物『君台観左右帳記《くんだいかんそうちょうき》』に則って再現された書院飾り。中央は硯と塵除けの「硯屏《けんびょう》」。右には水滴、墨や筆。左には文鎮や印箱、印材が並ぶ。違棚には天目茶碗と根来台。天平瓶子、唐物菓子器が置かれた。

九間の部屋は、平安時代の末から鎌倉時代にかけて発生し、しかし、当初は畳は敷かれず、襖、障子、戸で仕切られていたが、やがて畳を敷き込まれて、今にいたる。

教室に一人残されたようなガランドウ感もなく、数人でワイワイしても過密感の湧かない適度な部屋として、九間は日本に生まれるが、ニューヨークでロックフェラー邸を手がけた住宅の名手・吉村順三は「世界のどこで測っても心地よい部屋の面積は、九間に近い」と述べておられるから、身体寸法に由来する人類の共通感覚なのかもしれない。

さてでは、狭い方の部屋の面積はどのように決まったのか。狭い部屋などどんな家にもたくさんあったが、自覚的に意識的に狭さを選んだ住いとなると、起源は限られ、隠者の住いがこれにあたり、鎌倉初期の西行の「さびしさに堪えたる人のまたもあれな庵並べむ冬の山里」。それに続く『方丈記』の鴨長明の方丈の庵は四畳半。広い方は九間、狭い方は四畳半、両者の関係は九間を四つに割ると四畳半。四畳半を四つ合わせると九間。まことに分かりやすく、以後、日本人は、九間と四畳半の間のどれかの上で日々を過ごすことになる。自分一人でも、時には親しい友人が訪れても大丈夫な部屋としてスタートした四畳半は、隠者の領分から上昇を開始し、２５０年ほどかけて、ついには将軍家まで届き、同仁斎が誕生したのだった。

久しぶりに訪れ、同仁斎が、床の間、角柱、畳敷、障子、襖、天井、と寝殿造とは違う書院造の特徴を見せることを確認しながら、これまで見過ごしてきた仕上げに気づいた。白い壁が漆喰壁ではなく土壁の上に紙を張り四周を細い桟で押さえる「張付壁《はりつけかべ》」。

紙なら絵が描けるし、同じ白でも、漆喰の白は存在感が強く硬い印象を与えるが、紙の白は軽い。垂直と水平に走る木材の線、障子と張付壁による軽く白い紙の面。そして、庭への連続性。日本的空間と後に称される質は、ここに発している。

左：仏間の西面、襖の奥には法体の足利義政公の座像が安置されている。　右：南側には板敷きの仏間と御座敷があり、阿弥陀如来立像が祀られている。

撮影記

慈照寺・銀閣寺には1960年、学生時代の夏休みに一度行ったことがある。いつもの一人旅だが、無知蒙昧な若者だったため、ろくに記憶にないし、当時は東求堂の存在すら知らなかった。

日本木造建築の連載を始めたことがきっかけで、東求堂を知った。特に、障子を少し開け、庭が見える「同仁斎」の付け書院の一角にたまらなく惹かれ、憧れていた。

今回はまず、庭からロケハンをした。早朝の東求堂には初霜が降り、屋根は真っ白である。陽が昇ると、屋根のエッジがダレて見えるので、すかさず、「カメラ、用意！ 長玉！」とアシスタントに発令、砲戦開始。寒さに耐えた褒美のごとく、得がたい姿をとらえることができた。

東山連峰は大津市と隔てる京都市の東側にある山並みで、古くから東山と言われている。その北端辺りの山麓にあるのが慈照寺で、東側を崖地に囲まれた安堵感が静寂を保っている。足利義政が手ずから崖の北端から湧く清水を汲み上げ、茶の湯に使ったそうで、義政の日々の振るまいのリアリティが感じられる。

藤森博士の原稿にもあるとおり、東求堂は北側に四畳半の同仁斎があり、南側は義政の持仏堂になっている。

四畳半は、なぜこうも落ち着くのだろう。一人でもよいし、二人でもよし。四、五人までなら、外界と隔てて過不足なく応用できる。

さて、東求堂の内部に向かった。内も外と同じく寒し。「冷えやせる」とか「冷え枯れる」といった枯淡の美を重んじた草庵茶室の元祖だもの、いたしかたない。撮影ではすべての状況を味方につけるのが戦の定法である。終わってからの「人肌の酒」をイメージすれば、寒さもなんともない。

それにしても、わがまま写真家の要望に対する慈照寺のご協力はありがたかった。書院造の付け書院に義政愛用の文具をしつらえ、違い棚にも定法どおりの茶道のしつらえを整えてもらえないかとお願いしたのだが、想像以上の完成度で、今まさに、凛とした空間に足利義政さまがおわすかのごとくである。

高さ23.5cmの付け書院には硯が置かれ、その前に衝立のようなものがある。聞けば「硯屏」という塵除けだそうだ。義政の繊細さがわかる。眼前の障子を開けると、庭の景色とともに心地よい風を誘い込むことができるが、そこに混じった細かい塵が硯に紛れ込み、水茎の運びが乱されるのをお気になさったのだろう。

南側の板敷きの持仏堂に移ると、こちらは小組折上天井で、細かい細工の四畳半。西脇には義政公の座像が鎮座している。縁側に出ると、室内から庭への連続性が感じられ、爽やかな空間だった。（藤塚光政）

構造学者の眼から見た木造遺産——東山慈照寺 東求堂

22.82尺（約6.92㍍）の方形平面で、檜皮葺の書院造の建築である。小規模で軽量なため、軸組における部材断面は縮小されることになる。重い屋根を支える仏堂では、太い軸組（柱、横架材）と大きな軒を支える組物や桔木《はねぎ》、地垂木《じだるぎ》などの構造要素が、積み上げられながら構成されている。この建物でも同様に、肘木、軒桁、地垂木で構成されているように見えるが、これらは化粧材で落蟻《おとしあり》*の仕口を設けて、側面から落とし込まれているだけである。実際には、柱が直接天井裏まで延びて、屋根の桁を受けている。このため、化粧桁、化粧肘木は、柱を半分ほど切り欠いて取り付けられている。構造体を傷める化粧のための無理と言われることもあるが、木材の特性を考えると、必ずしもそうとは言えない。木材には繊維方向があり、力の向きによって性能が異なる。柱の材軸方向は繊維方向となり、圧縮力には最も強い方向となる。これに対して、肘木のように横向きに材を用いると、力は繊維直交方向に作用することになり、変形しやすくなる。繊維直交方向の部材を積み上げていくと、経年変化によって変形はさらに大きくなる。こうした材料特性を認識していれば、力の小さい場合には、多少の断面欠損をさせたとしても、柱を延ばして小屋組を直接支持してしまった方が、有効な場合もあるのである。

関係者に構造的意識が薄れていたわけでないことは、垂れ壁の土壁の中に配置された筋かいの存在から知ることができる。構造補強手法が発達したこの時代に、すでに筋かいが用いられている。

時代とともに変化し、新しい技術も受け入れ続けたのが、伝統木造建築である。（腰原幹雄）

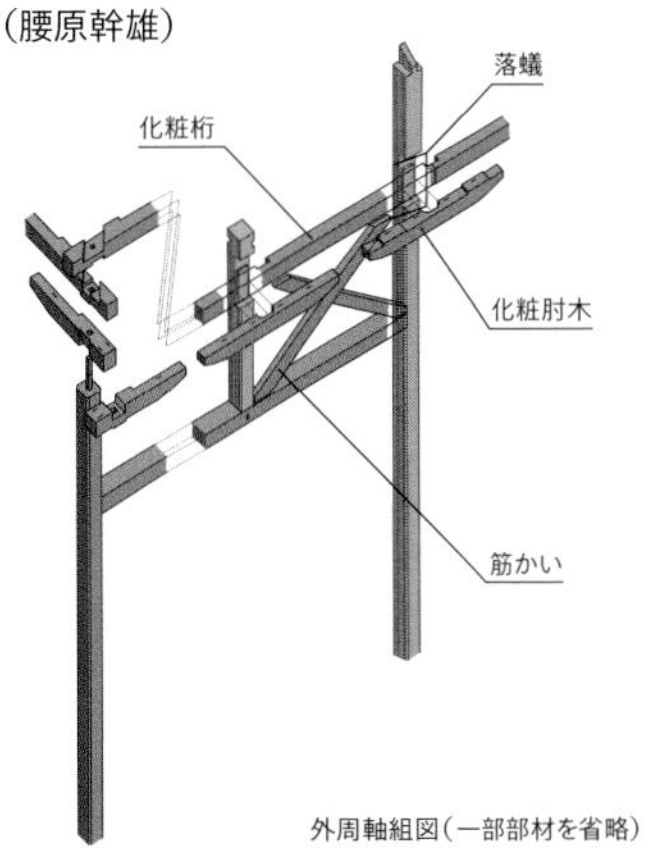

外周軸組図（一部部材を省略）

*落蟻＝方向の異なる2つ以上の部材を接合する「仕口」において、木材端部の蟻形（逆台形。蟻の足のような形状から）の枘《ほぞ》を他の部材の穴に差し入れること。蟻落としともいう。

北方文化博物館 三楽亭

珍無類なる三角形の奇想建築

技巧の限りを尽くした〝煎茶の空間〟

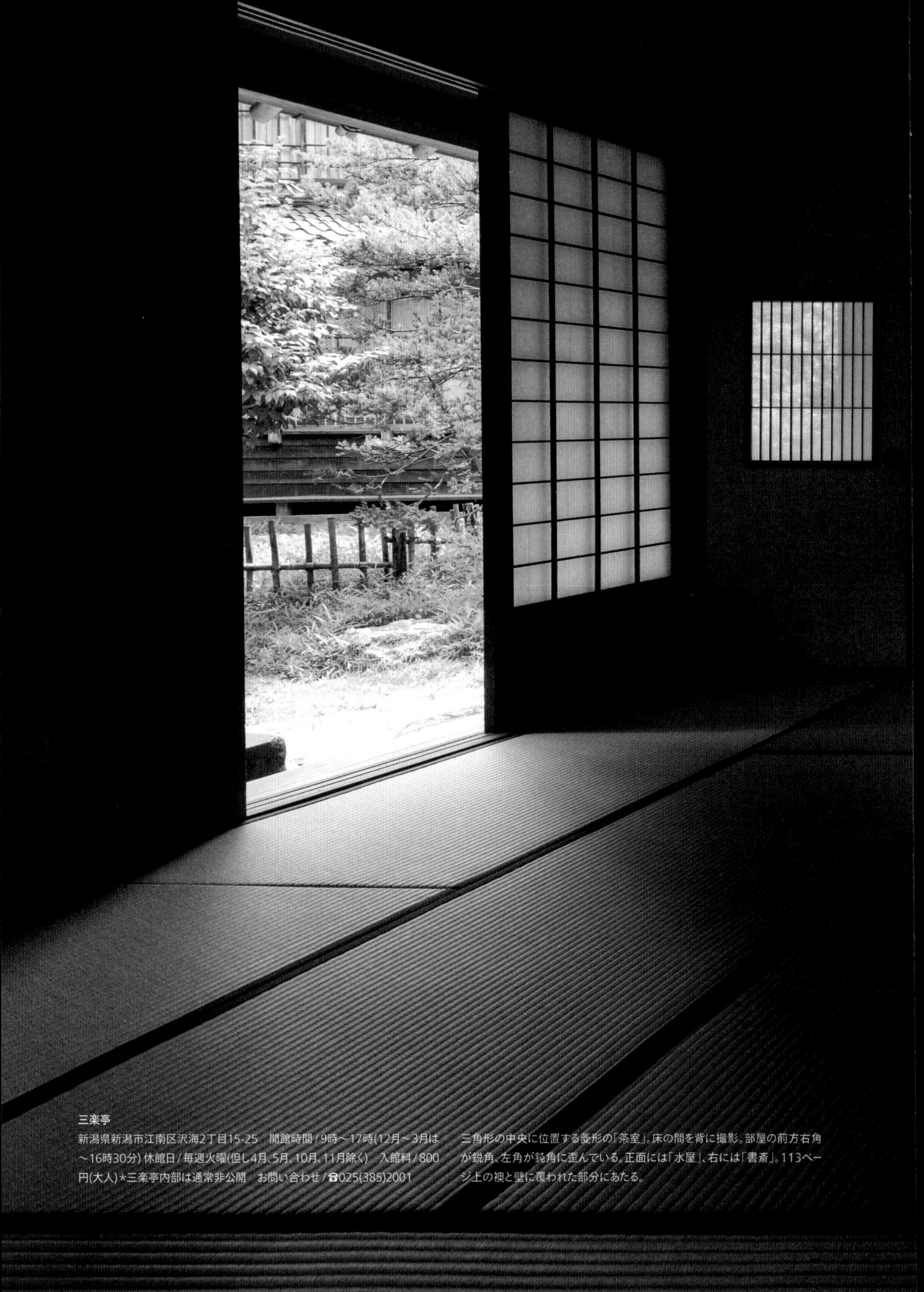

三楽亭

新潟県新潟市江南区沢海2丁目15-25　開館時間 / 9時〜17時(12月〜3月は〜16時30分) 休館日 / 毎週火曜(但し4月、5月、10月、11月除く)　入館料 / 800円(大人) ＊三楽亭内部は通常非公開　お問い合わせ / ☎025(385)2001

三角形の中央に位置する菱形の「茶室」。床の間を背に撮影。部屋の前方右角が鋭角、左角が鈍角に歪んでいる。正面には「水屋」、右には「書斎」。113ページ上の襖と壁に覆われた部分にあたる。

人の住む家は、世界のどこでも四角に決まっているのに、三角の家があると聞き、新潟に出かけた。新潟駅を降り、広い越後の水田地帯を西に走り、着くとそこには大名屋敷のような建築群がわだかまり、〝豪農の館〟と名乗る博物館があった。豪農と名乗るからには大名でも武家でもないのに、なぜこんな屋敷がバカデカイのか。戦前、新潟には大地主がいたというが、三角の家を屋敷の一画に持つ伊藤家こそ、新潟一の大地主だった。

建坪1200坪、部屋数65室を誇り、土塁と濠と高塀で囲まれた屋敷は、もちろん江戸時代のものではない。江戸時代にそんなことをしたら、〝お取り潰し〟は必至。江戸時代も屈指の大地主として藍や金融の商いもしていたが、その富を建築という誰の目にも見える形にしたのは明治になってからで、五代当主の文吉が、地元の大工棟梁斎藤金蔵に託し、8年かけて明治22（1889）年に完成している。屋敷の中心となる100畳の主座敷は、大名屋敷を凌ぐ大きさを誇り、洗練された庭とあいまって、これを見ずには日本の木造建築は語れない、とすら思えたが、今回のテーマは大きな四角ではなく小さな三角。五代文吉は、完成の後、息子の謙次郎（六代文吉）に言った。「お前も何か好きなものを金蔵に造ってもらえ」。そう言われて、満17歳の青年は、自分で考え、自分で細部まで図面を引き、2年かけて小さな三角の建築〈三楽亭〉を実現している。

屋敷内の一画にある小ぶりな門を入ると、飛び石が延び、目指す三角形が現れるが、一目見て三角形と分かるわけではなく、奇妙に歪んだ立体物の面持ち。どこが正面か分からぬまま、とりあえず縁側に上がり、柱を見ると三角ではなく、正方形でもなく、菱形というか平行四辺形をとり、襖も障子も柱に面する部分は斜めになり、桟は菱形。抽斗も菱形に作られているから、引き出すときは、斜め方向に引っ張らないと動かない。部屋は3室からなり、一番大きい部屋は菱形で、中と小が三角。畳も部屋に合わせて菱形だから、空間は歪み、空間を走る線も直角を失い、しばらく眺めていると目が眩んでくる。目が眩む理由はもう一つあって、和室でありながら、床の間や開口部や壁の表情が普通では

左頁上写真の左に続く北西の角。

上空からの眺め。三角屋根は金属板葺き。東にあたる右が正面入り口側（撮影／八坂麻里子）。

移築時に180度回転させた現在の西面。右が三角形の「水屋」、左が三角形の「書斎」、2間4枚立の源氏襖と壁に囲われた中央に、菱形の「茶室」がある。

左上：茶室と書斎を仕切る薄い土壁。紗の透かしが美しい引き違いの室内窓。　右上：縁側越しに庭を見る。室内の歪みに対して正方形の格子越しの眺めが心地いい。　左下：水屋は先端が板の間で、明かり採りはひとつひとつ意匠が異なる。右は氷割れ文様。天井は大振りな杉皮の網代組み。　右下：茶室から書斎を見る。

ない。床柱はねじれ過ぎるし、違い棚は数が多過ぎるし、壁の丸窓は大き過ぎるし、随所に投入された銘木奇木も目立ち過ぎるし、壁には鉱物の粉が塗られて黒く光る。各部の造形が過剰にして、煩瑣《はんさ》。日本の建築史上にこうした造形を求めれば、思い当たるのは〝煎茶の空間〟しかない。千利休に始まる茶の湯に対抗して、江戸中期に始まった中国風の茶の道で、文人墨客に愛されたことから文人茶とも呼ばれ、その美意識も茶の湯のワビ・サビの向こうを張って、技巧の限りを尽くすのを良しとし、珍奇な物品を愛でた。茶の湯が大名や武家や大寺院と繋がって保守化する中で、反幕の気風を持つ文人や町人に受け容れられた茶であり、茶の美学であった。

伊藤家は地方の素封家の常として、文化を尊び、漢学を学び、とりわけ謙次郎の母は煎茶を嗜んでいた。明治2年に生まれた謙次郎は、勉強熱心で、漢学をちゃんと修め、煎茶は身近であったが、それにしてもどうして三楽亭を造ろうとしたのだろうか。

中国の文人は書斎で茶を楽しむのを常とするし、三楽亭が茶室と書斎と水屋の3室からなる点に注目すると、謙次郎は煎茶の道を極めようと志したのではあるまいか。とすると、大きな謎が生まれてくる。三楽亭が生まれた明治24年といえば、賑やかな文明開化の季節が終わり、本格的近代化、西洋化が始まった時期にあたるが、なぜ謙次郎は洋館ではなく煎茶の館を造ろうと考えたのか。

この謎の答えは、明治のこの頃の煎茶の社会的地位の中にある、と私はにらんでいる。

明治維新を機に、大名や武家と深く繋がっていた茶の湯は一気に力を失い、代わって煎茶が勃興し、新しい時代にふさわしい文化と趣味として、多くの政治家や実業家の心をとらえた。謙次郎青年も、そうした動きに敏感に反応し、奇を好む煎茶の美意識を究極まで突き詰めようと志し、四角を超えて三角にまで至った、のではあるまいか。

なお、三楽亭完成の3年後、日清戦争での清の敗戦を境に、煎茶は力を落とし、茶の湯が再び盛り返してゆく。

屋久杉の抽斗、縁の材は黒柿。平行四辺形。真っすぐ引いても開かない。

松の丸柱に襖の桟が吸いつくように収まる。

撮影記

平面が三角の建築は、なんとなく耳にしていて、僕もありそうだと思っていた。だって、三角形は最少の線で構成する平面だからね。ありましたよ。それが、この「三楽亭」だ。

以前、何かの冊子で見たのは、南側の縁側を外から見た写真だった。確かに、内部に斜めに振った襖が見え、普通じゃないが、それほど奇異とも感じない程度だった。冊子には平面図がなかったので、よくわかっていなかったこともある。

なんでもそうだが、現場は踏んでみなけりゃ、わからない。撮影で難しいのは、内部の空間に決まっているから、特別許可を受けると、さっそくガサ入れのごとく内部調査を始める。カメラを出す前に、自分の感覚も調整しなければならないので、厄介だ。

南東角の三角の水屋は外から見てもわかったが、窓付きの襖が4枚ある、いちばん大きな茶室は平面が平行四辺形をしている。畳だってすべて平行四辺形だ。マズイな。空間知覚がやられそうだ。何をオタオタしている。ここをメインカットにするぞ!と、ポジションを決めた。

しかし、複眼の人間の目とは異なり、カメラは一つ目小僧である。おまけにパースペクティブ(遠近感)が強調され、斜線の角度が実際に見るのとは違って見える。ともかく、手前の畳の縁を平行の基準にするべ!水屋にある障子の桟が割り氷の模様で、ますます混乱してくる。気にするな、平行四辺形に集中しろ。三角形の書斎側への抜けも良いし、写真は説明ではない、平面図も掲載するんだから大丈夫だ、行け!とばかりに、低いアングルでシャッターを切った。

立ち上がろうとしたら、ふらつきそうで、手を借りて立った。やはり、神経がヤラレている。アブナイ。次に、三角形の書斎を見ると、長方形の畳は1枚しかなく、残りはすべて三角や台形。写真だけ見ても混乱するばかりなので、あとは平面図と見比べてほしい。

これを構想した伊藤謙次郎青年の最大の功績は、三角形の内部に平行四辺形をつくったことだろう。正三角形の平面に2辺を加えただけで、目的と実用に耐える3室の面積を確保したのだ。起こし絵図をつくりながら考えていたとき、17歳の若者は苦しかっただろうが、それを超える楽しさがあっただろうと想像すると、微笑ましい。むろん細部まで図面を描いているのだから、並みの17歳ではない。僕が古今を問わず、建築を見たとき、興味を感じるのは、それをつくった人がいかに構想したかということなのだ。

ついでながら、この空間をいっそう複雑に見せているのは、縁(へり)を持つ畳という床材の効果だろう。均質な無地のカーペットだったら、こうは行くまい。(藤塚光政)

構造学者の眼から見た木造遺産――三楽亭

六角堂、八角堂など多角形の木造建築は多くあり、部材は外周が120度、135度といった角度で、交差する木組み接合は平面的であれば、直角でなくても角度に応じて対応することは容易である。当然、六角形、八角形は曲尺とぶんまわし(コンパス)で簡単に作図することができる。しかし、108度の五角形や128.6度の七角形を正確に描くことは不可能である。とはいえ、疑似的に描くことは可能であり、古くから家紋の書き方を記している書物などに示されている多角形の作図方法は、幾何学的にも妥当性が証明されており、その手法を用いれば墨付け、加工が可能である。

単純な正三角形を平面とするこの建物では、部材の交差する角度は60度と120度が基本となるため、木組の加工自体は簡単である。しかし、角度が振れていることで、襖の戸あたりや抽斗の引き出し方といった動く二次的な部材との取り合いは複雑になる。

実際の納まりより奇妙に見えるのは、空間での入隅《いりすみ》の見え方である。六角形や八角形の建物では、入隅の角度は直角より大きい鈍角になり、直角の四角形に比べてコーナー部は開いて見えることになる。一方、この建物のように正三角形の建物では、直角より小さく尖ったような鋭角になる。しかし写真を見ると、直角なのかそうでないのか混乱させられ、平行四辺形の畳も長方形に見えるゆがみを補正しようとする。これは、建物は直角でできているという意識があるためもあるだろうが、本書でも使用されている一般的な立体表現であるアイソメ図は等角投影図とも呼ばれ、実際の90度を120度で描きXYZ軸が120度で交わっているが、各軸が直交している立体としてイメージすることができる。そんな錯覚を利用したのかは分からないが、幾何学的に整然としていても人間の空間認識のあいまいさを意識させる空間は、大工の問いかけだろうか。(腰原幹雄)

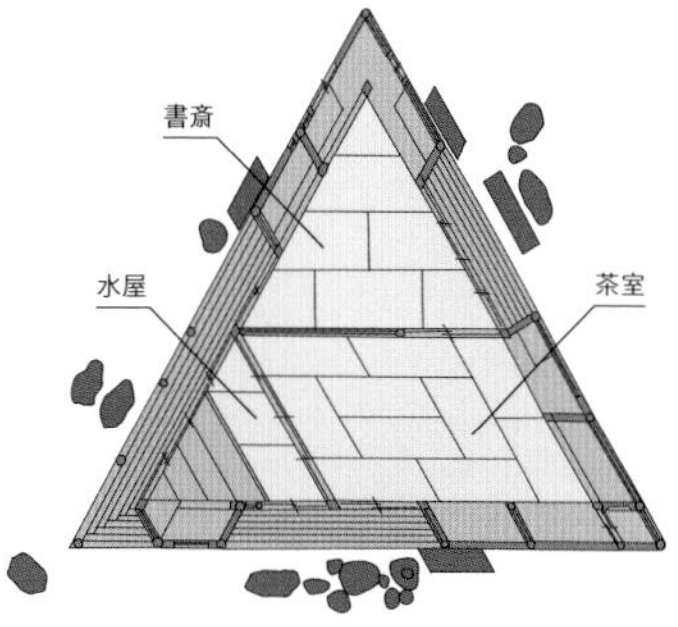

平面図

特別史跡　旧閑谷学校

閑谷学校　講堂

日本最古の公立学校は未来に向けた永久建築

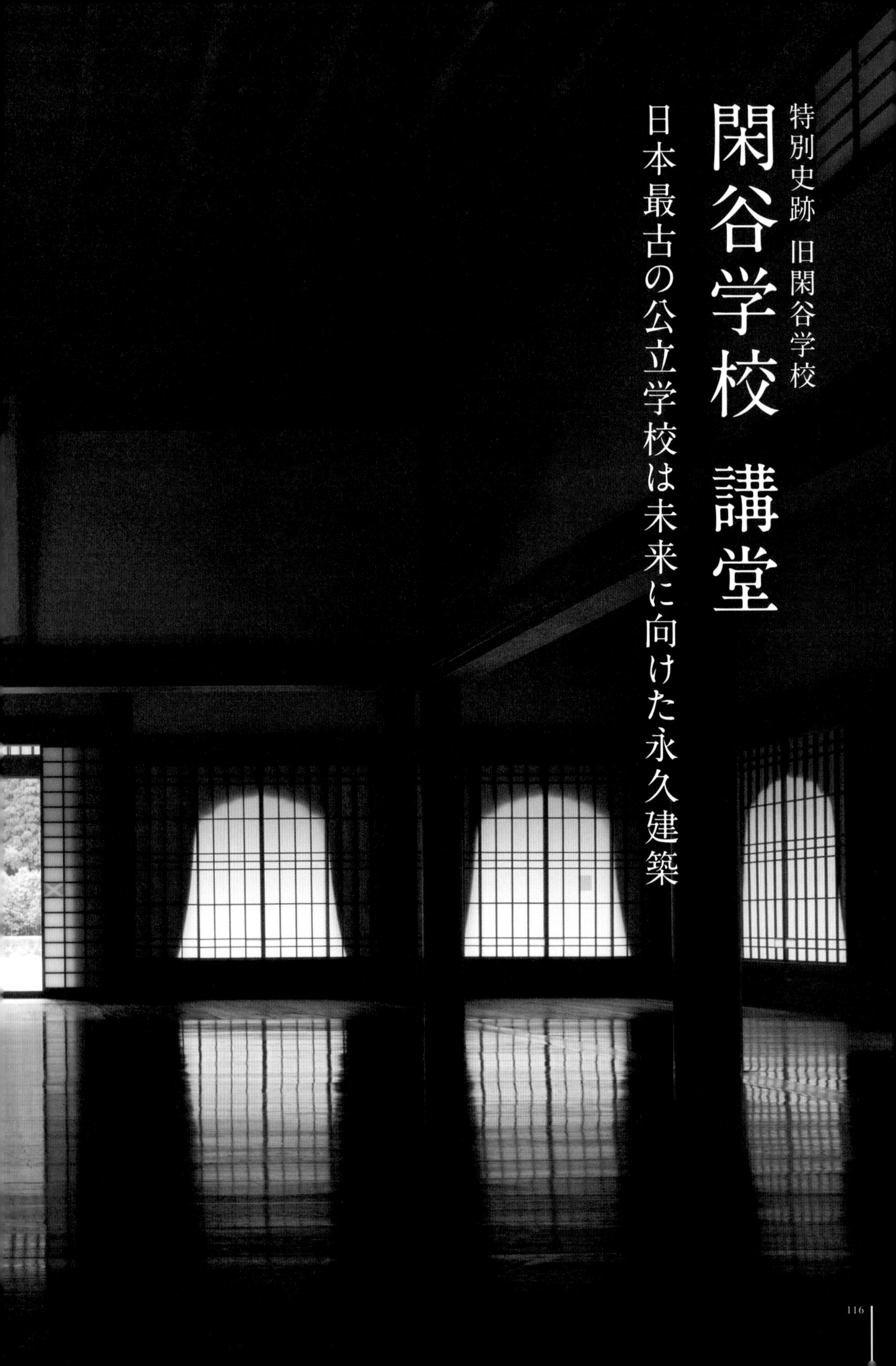

閑谷学校 講堂

岡山県備前市閑谷784　開門時間 / 9時～17時　入場料 / 400円（小中学生100円、65歳以上200円）　12月29日～31日は休館。
お問い合わせ / ☎0869（67）1436

中央の母屋《もや》を囲む10本の円柱は直径25㌢を超える欅。外側の庇間（入側）と合わせ、一室として使用される。花頭窓と開けた障子から差し込む光が、拭漆仕上げの床に景色を映す。「克明徳」の書は5代藩主・池田治政による。

江戸時代に作られたこの学校建築を初めて訪れた時の、背筋の伸びるような感銘は今も忘れない。
名君として名を残す岡山藩主池田光政の命により家臣の津田永忠が具体的計画を成し、寛文10（1670）年、城下からは離れた山あいの地に〈閑谷《しずたに》学校〉は開校している。城下には武士の子弟のための〝藩校〟があるから、この学校は庄屋など武士以外の地方有力者の子弟を中心に教育するための〝郷学〟であった。町人のための実用本位の寺小屋とはちがい、読み書き算盤を越えて論語講読など儒学を教えている。

江戸時代の建築は豪華すぎたり繊細すぎたりして、一度はいいが二度はごめんが多い中で、この建築は緊張を含んだ古典的な風格により、心に積もる世俗の塵を洗い流してくれるから、何度訪れてもまた行きたくなる。

江戸時代離れした印象をもたらすのは、平面と屋根の造りである。

まず備前焼の赤瓦で葺かれた屋根を見てほしい。途中に段が付けられているのが分かるだろう。古代（奈良、平安時代）の建築、とりわけ天皇の住まわれる寝殿造に特徴的な錣葺《しころぶ》きの名残。

平面はどうか。広々とした板敷に正座して眺めると、まず正面に向かって長方形に太めの丸柱が囲み、その外側を角柱で囲み、さらにこの角柱の間には壁が立てられて花頭窓《かとうまど》があけられている。その外側には濡れ縁が回り、四角な柱が長く延びた軒を支えている。

畳も敷かない板の間に独立した丸柱を立てて長方形に囲み、その造りを周囲に二重に拡張して平面は構成されているが、こんな単純明快すぎる平面は江戸時代には一般的ではなかった。江戸時代は、日本の木造建築が成熟して煮詰まった時代にほかならず、表現は豪華に向かっても繊細に走っても度を越し、平面は複雑に凹凸し、細い角柱の間は土壁か襖か障子により細かく仕切られるのが常だった。

講堂東側。備前焼の本瓦葺きで、大屋根の上に小屋根が覆いかぶさった錣葺き。

講堂に隣接する飲室《いんしつ》と講堂をつなぐ廊下。

花頭窓から内部を見る。中央の母屋には鴨居があり、梁間2間、桁間3間で10本の円柱が囲う。

閑谷学校講堂の単純明快にして古典感あふれる様式はどこから湧いて出たのだろうか。それは、古代の天皇の住いの形式として知られる〝寝殿造〟からだった。古代の寝殿造の平面を基本にして、茅葺《かやぶ》きを備前瓦葺きに、内外を仕切る蔀戸《しとみど》を鎌倉時代の禅宗建築から始まる花頭窓に替えたのがこの建築だった。寝殿造には天井はなく小屋組がむき出しだったが、ここでは天井を張っている。

寝殿造ルネッサンスと聞くと、私たち建築史家はすぐ今の京都御所の紫宸殿《ししんでん》を思い起こす。現紫宸殿はもちろん平安時代のものではなく、何度もの焼失再建のため旧状がすっかり失われたのを、江戸中期の再建に当たり公家の裏松固禅《うらまつこぜん》が考証し、ルネッサンスした成果である。なお固禅は、公家たちの反幕的動きから起こった「宝暦事件」に連座し、30年の蟄居《ちっきょ》生活の中で『大内裏図考證』を著し、寝殿造ルネッサンスを企てている。明治維新のスローガン「王政復古」を、建築で先駆けて企てたのが、京都御所だった。

特別な事情を背景に復活した京都御所の寝殿造が、なぜ閑谷の地にもたらされたのか疑問だったが、御所再建の任を負ったのが岡山藩であることを教えられ、委細納得。津田永忠は、当時、建築と土木の両方に通じたテクノクラートとして名を成していたが、その彼が、ルネッサンスした京都御所に見たのは、「王政復古」ではなく「古典」だった。彼は建築様式に詳しいだけに、何が儒教的空間なのか悩んでいた。敷地を囲む奇妙な形の石造の塀はどこか儒教的というか中国的というか……。しかし、日本の誰もおそらく本場中国でも、どう作れば儒教的なのか明らかではないし、儒教を教えた日本の藩校や湯島の聖廟（孔子廟）も儒教建築としての根拠はないに等しい。

手本のないまま、中国起源の儒教という古典的な徳目のイメージを日本の建築の歴史にたずねて、古代の寝殿造や中世の花頭窓に行き当った、と考えてはどうだろう。

左：広々とした庭の向こうに講堂。左に隣接するのは藩主が学校を訪れた際に使用される小斎。　中：敷地全体をかまぼこ形の石塀《せきへい》（総長765㍍）が囲う。
右：四方を濡れ縁が巡り、それぞれの中央に出入り口、その両側に2つずつ花頭窓がある。

撮影記

撮影に訪れて名刺を出すと、「光政様ですか、ご本名ですか」と聞かれた。いきなり「様」などつけて呼ばれたので焦ったが、その後も池田光政公のおかげか、普段の撮影で受ける対応より心なしか丁重で、「どうぞ、撮影はご自由に。何かご要望がございましたら、お申し付けください」だと。ついつい「さようか、あいわかった。よきにはからえ」などと返しそうになる。撮影で光政という名前が役に立ったのは初めてで、思わず父母に感謝した。

多くの藩士の優秀な子弟を鍛える藩校とは異なり、閑谷学校は庶民のための学校であり、いわば世界最初のパブリックスクールだ。封建社会の身分制度によって、厳しい階級制度がある時代、あまねく草民にまで教育を行き渡らせようと考えた光政の達見である。そのうえ、自藩ばかりでなく、望めば他藩の庶民子弟も受け入れたというから、懐の深さは並大抵ではない。この時代に、領民のために学校をつくった領主なんて、はたして他の国にいたのか。いかにも日本人らしい配慮と振る舞いではないだろうか。

なんといっても、圧巻は学舎の講堂である。外から見ると、「錣葺き」という2段重ねの大屋根が印象的だ。今なお凛としたエッジと独特の赤い斑模様が美しい瓦は、高温で焼き締められた丈夫な備前瓦で、瓦の下地には結露によって下地板が腐敗するのを防ぐため、水の通り道となる陶管が埋め込まれているという。

内部は10本のケヤキの丸柱と白い垂れ壁に囲まれた「内室」と、その周りを囲む「入側」(廊下)で構成されている。床は黒漆拭きの鏡面仕上げで、床に映る花頭窓のシルエットと窓の外の緑が美しい。おのずと緊張感と精神の集中を醸し出し、学生たちの記憶に永遠に残るに違いない空間である。

光政が構想し、最初に建設された閑谷学校は茅葺きの質素な建物だったそうで、講堂をはじめとする現存する建物の大半は光政の死後、「閑谷学校を永遠に残せ」と遺言された津田永忠がつくり上げたものである。津田は30年以上にわたり、閑谷学校の建設に関与したばかりか、晩年はこの地に住み込んで学校経営に専念したという。前述した屋根の下地の工夫もその一例だが、講堂のデザインやディテールの随所に、建築を少しでも長く美しく保ちたいという作り手の意志が感じられる。池田光政だけでなく、その遺志を継いだ津田永忠の情熱が、閑谷学校を現在まで存続させてきたといえるだろう。

ところで、光政は学校をつくるだけではなく、授業参観のためにも訪れようと考えていたようだ。しかも、泊まりがけである。というのも、藩主が視察に訪れた際に宿泊する「小斎」という棟があるのだ。旧閑谷学校の中では最も古い建物で、光政の生前に完成している。実際に泊まったかどうかはわからないが、在校生と親しげにうれしそうに話をする光政の姿を想像すると微笑ましい。(藤塚光政)

構造学者の眼から見た木造遺産——閑谷学校 講堂

講堂の大きな屋根を覆う本瓦は、全体で2万枚以上用いられている。瓦屋根は重量が重く地震力が大きくなってしまうため、耐震上は不利と言われるが、大きな地震力に見合った耐震要素を配置して堅牢な建物としておけば問題はない。一方、瓦屋根は他の屋根葺き材に比べて耐久性が高く、一般的な瓦でも耐用年数は60年程度と言われているが、閑谷学校では300年以上交換されずに使い続けられている瓦が多くある。

長く建ち続ける木造建築の敵は地震だけではなく、木材を腐朽させる水もあり、雨水対策も非常に重要である。この建物の瓦には、地元の備前焼の技法が用いられている。備前焼は1200度以上の非常に高い温度で焼きしめるため、硬く、耐久性を高くすることができるが、焼成によってひびが入ったり収縮、歪みが起こったりするため使用できないものも多く、生産効率が高いとは言えない。また、窯の状態によって焼き上がりの色調のバラつきが大きくなってしまうため、一枚一枚の色むらに応じて、太陽光の角度、降雨による見え方の変化を想像しながら、屋根全体の配色を考えて配置する手間がかかる。それでも耐久性を高めるために用いられた瓦屋根が、木造建築の寿命を延ばしている。瓦だけでなく、屋根の構成にも工夫がみられる。

重ねられた本瓦は最大3層になっており、その下の野地板の隙間には漆を塗って、万が一瓦が割れても建物内への水の侵入を防ぐことができる。さらに屋根の軒先には備前焼の細い管が取り付けられ、屋根内の換気、排水ができるようになっており、何重もの水対策が施されている。手間を惜しまず、建物を健全に保ち続けてきたのが、伝統木造建築である。(腰原幹雄)

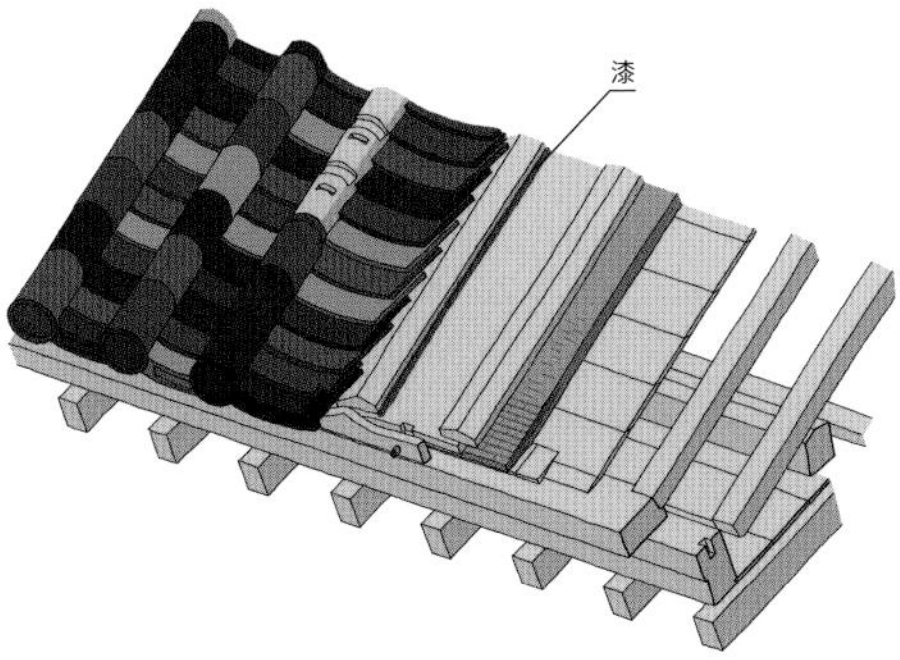

屋根の構造図

曹洞宗　崇福山

安楽寺　八角三重塔

宋伝来、当代最新の禅宗様は今、最古にして唯一無二

安楽寺 八角三重塔

長野県上田市別所温泉2361　八角三重塔の拝観時間 / 11月～2月は8時～16時（3月～10月は～17時）　拝観料 / 300円（小・中学生100円）
お問い合わせ / ☎0268（38）2062

2層と3層の軒を仰ぎ見る。真反りの八角の形、扇垂木、稠密な詰組が見事。三《み》手先《てさき》の組物が、隙間なく配されている。開口部が花頭窓《かとうまど》ではなく、連子窓《れんじまど》である点が、禅宗様の特徴と異なっていて独特。

使われている木材が示す年輪の間隔の変遷から、伐《き》られた年代を当てる年輪年代学の進歩は著しく、調査により正応2（1289）年以後のそう遠くない時期に竣工したことが明らかになった。純度の高い禅宗様建築としては現存最古の作となる。八角三重塔という日本ではきわめて珍しい形式といい、現存最古といい、なぜ山国信州の地にこのような重要な禅宗様建築が実現したのだろう。

建長5（1253）年、鎌倉幕府の執権北条時頼は宋より蘭渓道隆《らんけいどうりゅう》を招き、鎌倉に建長寺を開き、ここに日本の本格的禅宗がスタートしたことは知られていよう。蘭渓の来日を実際にエスコートした日本の僧を樵谷惟仙《しょうこくいせん》といい、2度、宋に留学した経験を持つ。時頼を助け、幕府の副執権の地位にあった北条義政は鎌倉の政治を離れ、信州の別所へと隠棲するにあたり、建治3（1277）年、安楽寺を開くが、その任を担ったのが、惟仙だった。北条時頼のために、蘭渓が正しい禅宗を伝えたのと同じように、惟仙は、北条義政のために、正しい禅宗様建築を実現する。訪れても、写真で見ても、日本の伝統的建築との違和感は拭えないが、その違和感こそ、この小さな建築が正しく宋を伝える証なのである。といっても、元となった宋代の建築は、記録だけを残してすべて消えているが。

まず基本的なことから。屋根が四つあり四重塔に見えるが、仏教の塔は奇数と決まっており、三重塔の1層目に裳階《もこし》が付く。裳階は1層目に取りつくスカートのような作りで1層目を広く使うのに適し法隆寺金堂や薬師寺三重塔で使われたが、その後途絶え、禅宗様の特色の一つとしてここに復活する。

仏教の塔の起源はシャカを埋葬した土饅頭（卒塔婆《スツーパ》）にあり、インドでは土饅頭に倣い石造の円形を基本とするが、中国に伝わった時点で煉瓦造八角などの角形が現れ、飛鳥時代に日本へ上陸した時には、木造に適した四角になっていた。その後、八角塔は一、二造られているが、例外だった。塔の造営にあたり、惟仙が誰の記憶にもない八角をあえて選んだのは、本場の形式こそ、と考えてのことだった。最初に日本に入った栄西の禅と違い、蘭渓の禅が本格的かつ正式と評されるのは、〝清規《しんぎ》〟と呼ばれる禅宗寺院の修行と運営のルールをもたらしたことによるが、惟仙も建築でそれをした。

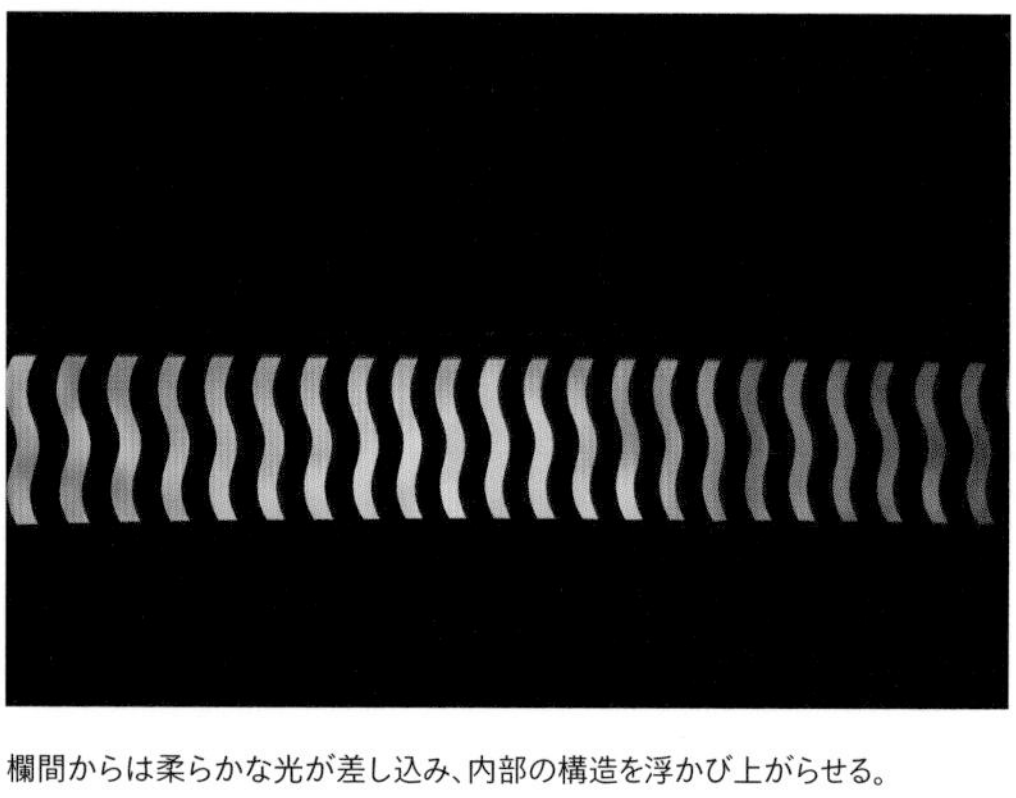

欄間からは柔らかな光が差し込み、内部の構造を浮かび上がらせる。

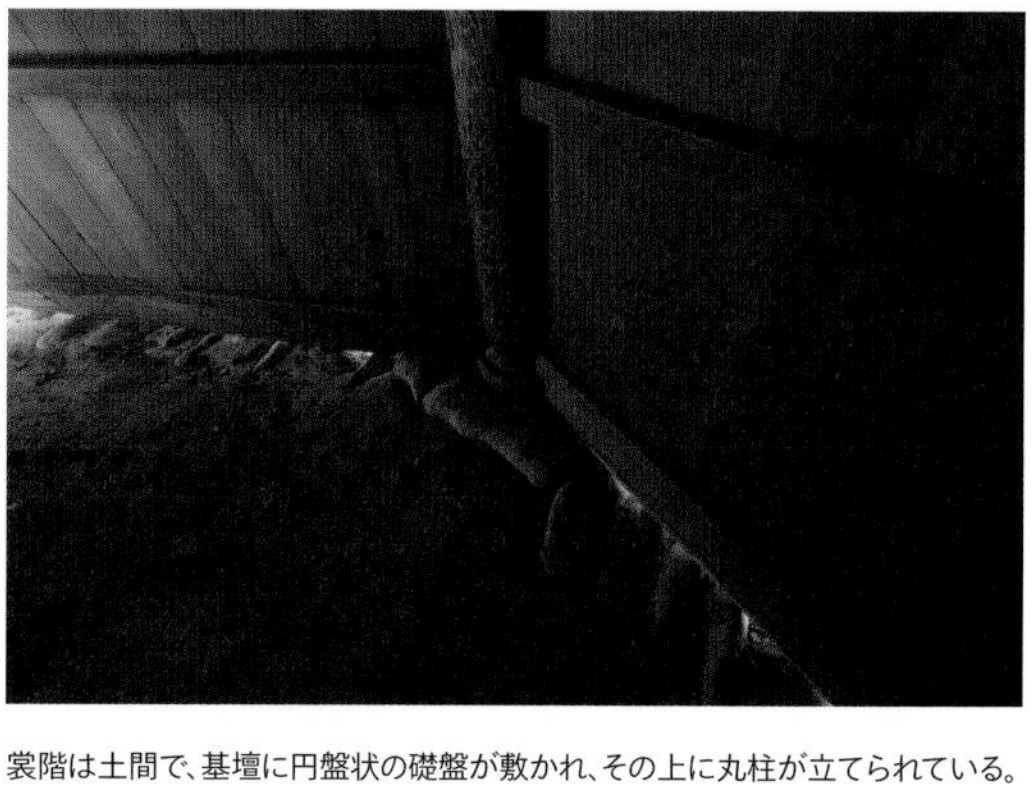

裳階は土間で、基壇に円盤状の礎盤が敷かれ、その上に丸柱が立てられている。

各層の屋根を支える軒の組物を見てほしい。水平に出る材(肘木《ひじき》)、その上に並んで載る小さな立方体(斗《ます》)の組み合わせが立体的に展開するのに加え、それらの木々の塊を貫いて細長い材(尾垂木《おだるき》)が突き出し、それらの群の上にやっと垂木が架かる。軒の組物こそ木造仏教建築の見せ場に違いないが、飛鳥時代以来の和様でも禅宗様にやや先行する大仏様でも、組物が展開するのは柱の上に限られていたのに、この小さな塔には柱と柱の中間にもう一つ入る。これを「詰組」といい、もちろん宋に倣った禅

上:1層の軒下に設けられた庇部分が裳階。見上げると天井に扇垂木が配され、左に見える丸柱が塔を支える。裳階側からも塔本体からも組物が迫り出している。塔本体と裳階を繋ぐのは海老虹梁。
下:塔内部。八角形の須弥壇は頭貫、台輪、詰組で鏡天井が支えられ、中央に本尊大日如来像(江戸時代の再々興)が座す。裳階の欄間の波形連子から差し込む光が内部を照らす。

宗様最大の特色。ただでさえ凹凸の激しい組物が、ふつうの塔なら四つで足りるのに、八角の詰組だから、8×2の16個も隙間なく連なり、小さな単位が増殖した鉱物結晶のような造形と化している。杉木立の合間に建ち、上からの光を浴び、丁寧に多角形に加工された小さな建築は、宝石、そう、木の宝石のように見える。こうした印象は、他では味わったことはない。組物の上の垂木も独特で、和様は平行に並ぶのに、禅宗様は大仏様と同じく放射状の扇垂木で、これも宋直伝。裳階、詰組、扇垂木にとどまらず禅宗様は、いたるところに和様、大仏様にはない独自の作りを見せてくれる。いたるところというのは本当で、礎石から上に向かって作りの名称だけ順に連ねると、礎盤、粽《ちまき》、台輪、虹梁《こうりょう》、海老虹梁、波形連子（弓連子）、藁座《わらざ》、桟唐戸《さんからど》。礎盤や虹梁のように想像しやすいのもあれば、粽や藁座のように建築用語とは思えぬ作りも混じる。

　この他たくさんの宋直伝の独自の作りにより、日本の伝統に慣れた目には違和感を与えることとなった。ただし屋根の葺材は宋の瓦葺ではなく、薄い割り板を重ねた伝統の柿葺《こけらぶき》。武家社会を中心とする鎌倉時代が始まると、伝統の和様に加え、宋からはまず大仏様が、すぐ後を追って禅宗様が導入され、寺院建築は三者三様の活況を呈した。しかし、これを最後に大陸からの新しい流れは消え、寺院建築は日本建築の核心をリードするビルディングタイプではなくなる。以後の寺院建築は、和様と禅宗様の二つの折衷により生き続けてゆく。今日までずっと。なお、大仏様は鎌倉時代のうちに消えている。

　この度初めて、住職の若林恭英さんに案内してもらい、桟唐戸を開けて中に入ると、仏舎利塔に不可欠の心柱《しんばしら》はなく、仏像が迎えてくれた。仏教の塔は、シャカの遺骨を心柱の底部に安置する仏舎利塔として日本に伝わったが、平安時代以後には仏像を置く塔も現れ、特に禅宗は仏舎利を信仰の対象にすることはなく、ほとんどが塔を欠く。住職は「北条義政は、蒙古との闘いに参戦し、幾多の兵士の死を目撃し、その供養のため、鎌倉を離れて安楽寺を開き、塔に仏像を置いたのではないか」と教えてくれた。

左：四重塔に間違えられることがあるが、いちばん下は裳階。正確には「裳階付き木造八角三重塔」。安楽寺は天長年間（824-834年）の創建と伝わるが、禅院としての開山は鎌倉時代で、樵谷惟仙禅師による。塔は2世住職、宋僧・幼牛恵仁禅師の時代、信州一円に威を張っていた塩田北条氏が館を構えていた頃の建立とされる。　右：三手先の組み物が密集する2層と3層の軒。

構造学者の眼から見た木造遺産——安楽寺 八角三重塔

伝統木造建築は、正方形や長方形といった四角形の平面をしているのが通常であるが、三角形、五角形、六角形、八角形などの、多角形の異形の平面を持つ建築もある。

大工は、差金（定規）とぶんまわし（コンパス）を用いて建物の図面を描き、これらの道具で幾何学を理解している。幾何学図形を図面上に単なる直線であらわす場合には、直線同士は点で交わることで完結した形となる。しかし、実際の建物では部材には幅（太さ）があり、多くの部材が1点で交差する場合には、幾重にも重なり、木組は複雑になる。また、複雑な角度で交差する木組は、部材を大きく削って組み合わせることになり、構造上の欠点にもなりやすい。

この建物の小屋組の梁は、八角形を二つの四角形を45度ずつ回転したものとしてとらえられており、単純に、対辺の柱同士に架け渡しているだけである。45度ずつずれた二つの四角形の部材では、交点で交差する部材は2部材だけである。外周の八角形の角の柱頭では、この四角形に45度の半分である22.5度ずれた軒の放射方向の肘木が追加されるため、部材が増える。そこで梁同士は、建物の内部で交差させることにより、柱頭では柱を挟むことになり、加えて五角形の組物で受け止めることで、柱頭の1点に多くの部材が集中して、複雑な木組となるのを避けている。結果、小屋組図は、幅を持つ部材であっても、幾何学的に整理され、部材接合部の欠点も回避することができている。大工の秘伝書には、幾何学図形に関する記述も多くみられ、数学的知識も多く持ち合わせていたと考えられる。

一見、複雑に見える建物もその本質をとらえ、単純な仕組みを見出し、それを具現する加工技術によって実現されてきたのが、伝統木造建築である。（腰原幹雄）

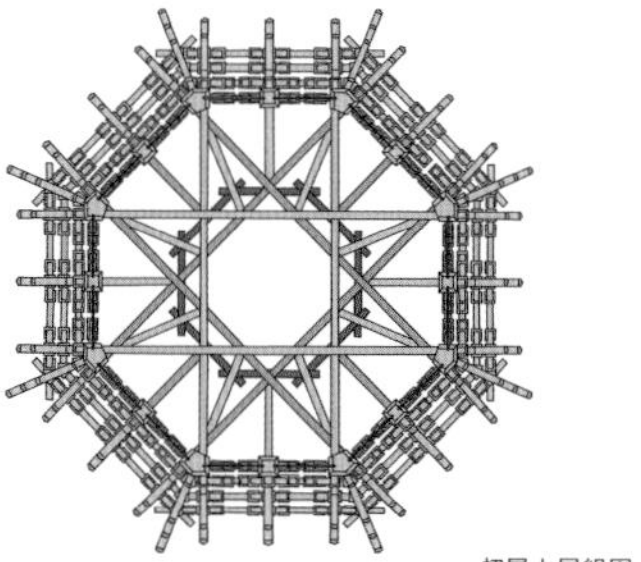

初層小屋組図

信濃國一之宮

諏訪大社 上社 本宮

御神体は守屋山。本殿を持たない諏訪造

拝所から見た本宮幣拝殿。門の形をした幣殿の手前に、拝殿があり、翼廊状の片拝殿が左右に続き、左拝殿の先には脇片拝殿がある。天正10（1582）年、織田信長の兵火で焼失し元和3年に再建。現在の幣拝殿は8年の歳月をかけて天保6（1835）年に上棟した。

諏訪大社 上社 本宮
長野県諏訪市中洲宮山1　拝観時間 / 参拝自由
お問い合わせ / ☎0266（52）1919

日本の長い長い木造建築の歩みは、江戸時代初期の日光東照宮と桂離宮の両建築と、これに付け加えるなら小堀遠州の茶室をもってピークを迎え、以後、新しい動きはなく、明治維新を迎える。絵画においての、江戸中期の若冲《じゃくちゅう》や末期の北斎の大活躍のような動きは建築には見られなかった。

もし、歌舞伎座と遊郭が、町人の富と棟梁の技量を自由に注いでもよければ、若冲や北斎に並ぶような新しい建築表現を生み出したかもしれないが、幕府は歌舞伎座と遊郭の二つを悪所として扱い、江戸の中心から周辺部へと遠ざけ、抑圧し続けている。

そんななか建築の充実が観察されるのは地方で、社寺建築においては地方流派が隆盛し、また民家においても各地ごとの特徴が表れている。全国各地に出現した地方の大工棟梁による流派のうち最大かつ最良が、〝諏訪の立川流〟に他ならない。

延享元（1744）年、流祖の立川富棟《たてかわとみむね》は上諏訪に生まれ、江戸に出て、両国の竪川《たてかわ》沿いの地で幕府御用達の大工棟梁立川小兵衛について技を磨き、さらに宮彫り名人中沢五兵衛に彫刻を学び、帰郷して宮大工として独立し、すでに諏訪地方で地歩を固めていた大隅流に対抗してまず信州で大を成し、さらに松平定信の庇護を得て関東から京まで仕事を広げている。

山国信州を本拠としながら建築の仕事を各地に広げることのできた秘訣は、設計の仕方と工事の肝所の二つにあり、設計は今日の標準設計を取り入れ、現場ごとの判断を極力減らし、工事については彫刻部分を諏訪で仕上げて中山道と甲州街道を輸送し、構造材などは現場に任せている。

その立川流二代目の富昌の最高傑作が、天保6（1835）年の諏訪大社上社本宮の幣殿である。

ふつう神社の構成は、前庭があって拝殿（幣殿を兼ねる）があり、その奥に本殿（正殿）があって、神のまします鏡などの依り代が安置されているが、諏訪大社はふつうではなく、拝殿の奥に正殿はなく、森がある。森と森の中の石が神様の依り付くところとなっている。

神社の信仰の原型は、山や川や木や石といった姿麗しく清らかなる自然物に聖なる力を認める自

左：布橋の外観。　中：東参道側から布橋を歩く藤森照信氏。入口御門を建てた藤森廣八は照信氏の祖先。　右：入口御門の欄間には縁起のよい瑞獣が刻まれ、この正面外側は変幻を表す「応龍《おうりゅう》」。

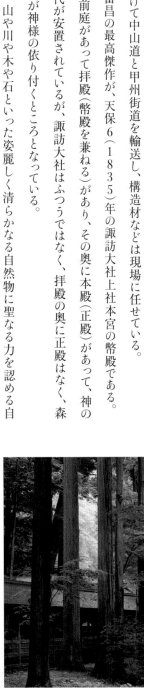

然信仰にあるが、そうした古式を今に伝える神社としては奈良のかの大神《おおみわ》神社、諏訪大社、埼玉の金鑽《かなさな》神社の三社が知られている。

諏訪大社を正面から望むと、他の神社とちがい、建物の裏側に鬱蒼と盛り上がる木立が近すぎると

御柱の先端を三角錐に切り落とす「冠落し」を経た「建御柱」。長さ1.5メートルの御幣軸を打ちつけると、森の木は神となる。

いうか、珍しい印象を与えるが、これは神社建築の原型を残すが故。

背後の森に比べ建築は小さいが、しかし細部は充実し、とりわけ各所に付く彫刻は、鑿《のみ》の跡はシャープで深く、刻まれた動物や植物の姿も、たとえば粟の穂の陰で遊ぶウズラの親子は、今にも動き出しそう。こうした写実性こそ立川流の技だった。

飾り金物と彫刻が森の緑と醸す人工と自然の対比の美は、先行する日光東照宮に認められ、日本の木造建築が長い歴史の果てにいたった美の一つに数えても構わないだろう。

立川流の建築だけが諏訪大社を飾っているのではなく、神社らしく大小いくつもの建築群からなり、その一つ布橋も素晴らしい。布橋は門と回廊からなり、傾斜地ゆえバラバラになりがちな建築群の中を一直線に走ることで、全体を一つにまとめる働きをしている。

入口御門には龍、鳳凰、亀（玄武）、麒麟などの彫刻が施されているがちゃんと見ると、繊細な鑿跡を生命とした立川流とはちがい、造形も大振りで鑿跡も力強い。作られたのは布橋が安永6（1777）年、入口御門は幣殿より6年早い文政12（1829）年だから、まず大振りで力強い布橋が森の中を一直線に走り、次に森を背に、繊細で華のある幣殿が作られたことが分かる。入口御門を手がけた藤森廣八《こうはち》の好みが繊細でなかったことは、繊細でも華やかでもない子孫としてはヨカッタ。

最後に御柱《おんばしら》について。諏訪大社では数えで7年に一度の御柱の祭りが令和4（2022）年に行われ、上社の場合、八ヶ岳の中腹から伐り出された巨木が、長い道のりを、野越え川越えて曳き出され、建築群の四隅に無事立てられ、今も木の肌もかぐわしい。御柱の起源については考古学、古代史の常として一人一説状態にあるが、私は、世界の新石器時代（日本では縄文時代）に共通の太陽信仰の証としての立柱にあるとみている。諏訪の縄文時代にも立柱は行われていたし、諏訪大社が祀る建御名方命の故地の出雲大社でも高い立柱（岩根柱）が今に伝わっている。森と木と建築の縁は、日本ではきりもなく奥深い。

左：徳川家康公が寄進した四脚門《よつあしもん》。東御宝殿と西御宝殿の間にあり、境内最古の建造物。　右：2022年に行われた式年造営御柱大祭で造営された真新しい東御宝殿。

早朝の布橋《ぬのばし》内部。「入口御門」に続き拝所へ向かう長廊。かつて大祝《おおほうり》が歩く際に布が敷かれたことからこう呼ばれる。

構造学者の眼から見た木造遺産――諏訪大社 上社 本宮

この社殿は本殿を持たず、幣殿とその前の拝殿、左右に翼廊状の片拝殿、脇片拝殿を配した特色ある形式である。

幣殿は桁行一間切妻造の門形式で、円柱の上に冠木が置かれ、その上に三手先の組物を組み、二軒の繁垂木の軒を支えている。正面から見える桟唐戸と小脇壁、脇障子、欄間には板壁に木彫が施され、前後に縁が設けられ、一見床の上に一枚の壁が自立しているように見える。実際には横から見ると分かるように、背面に控柱が立って支えられている。両脇の二本の本柱は、八角形断面の床下から床上で丸断面に変化し、小屋組まで達する通し柱になって屋根を支えている。その前に建つ拝殿は、桁行一間、梁間一間で四面の柱間は開放になっている。

小屋組をよく見ると、拝殿の野棟木が幣殿に伸びてきて幣殿の小屋梁になっているのが分かる。二本柱で板状の幣殿と四本柱で開放的な拝殿が、屋根裏では曲がり材でつなげられることによって、より安定させることができている。

自然の樹木、御柱（皮むき丸太）、社殿の柱（八角柱、丸柱）と同じ素材が、人の手で加工され形状を変化させる。構造形式も根張による自立、掘立柱による自立、貫や冠木（台輪）といった横架材による架構へ変化することになる。

自然材料である木材にどの程度、どのように人の手を加えて建物に活用していくのか。それを考え続けて実践しているのが伝統木造である。（腰原幹雄）

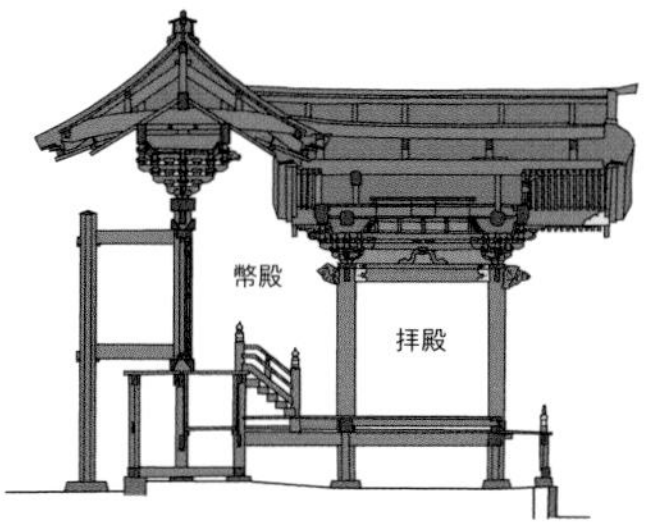

幣拝殿の断面図

開拓農民が自ら建てた家

小野家住宅

自然素材を手仕事で。江戸期の農家建築

小野家住宅
埼玉県所沢市林2-426-1　公開日 / 毎週日曜（年末年始を除く。また都合により公開できない日もあり）　公開時間 / 9時～16時　見学は無料　駐車場はありません。　お問い合わせ / 所沢市教育委員会教育総務部 文化財保護課 ☎04（2991）0308

座敷より叩き仕上げの土間を見る。右の開口部は正面側の大戸口。左か裏の戸口。中央にあるのが大竈。左手には地炉が並ぶ。土間と床上の境にある2本の柱は、栗のチョーナ斫《はつ》りの丸太材。

池袋駅から東京の北西に向かって西武線が延び、周囲には戦後に開かれた郊外住宅地が広がることは知っていたが、まさかその中にこんな民家が残されていようとは。左右には茶畑が広がり、後ろには屋敷林がわだかまり、欅や樫や竹が生い茂る。

どこにでもかつてはあった武蔵野の光景に違いないが、目を疑ったのは屋根の作り。正確にはてっぺんの作りで、茅葺屋根の頂部に一列、草が生えている。4月下旬には、イチハツ（矮性アヤメ）の紫の花が風に揺れていたらしい。案内してくれた旧住人の小野 博さんが、お父さんの菊司《きくじ》さんから聞いた話によると、昔は、貴重な観葉植物として知られる岩松（イワヒバともいう）が植えられていた。

イチハツ、イワヒバ、キキョウ、ユリ、こうした美しい草花を茅葺屋根の頂部に植えて育てるという今となっては謎の作りのことを〝芝棟〟（現地ではくれぐし）といい、かつては雪国を除く全国に分布したが、今は絶滅危惧種なのに、よくぞ東京の近郊にこれだけ立派なのが生き残っていてくれた。屋根から目を下ろし壁を見る。土壁の中に柱が立つありふれた民家の光景ながら、これまで各地で目にしてきた重要文化財の民家とちょっと違い柱が細いのはまだしも、すべて曲がっている。構造材がすべて曲がっているのは、室内も変わらない。土間に入って眺めると、垂直方向の栗柱は曲がり、水平方向の松の梁はもっと曲がり、真っ直ぐな線は障子の縁くらいか、もう一つ、屋根の竹の垂木も真っ直ぐ。天井に張られた竹の床は、明治以後、養蚕で天井裏を使うため。すべての構造材が細くて曲がっているのには、レッキとした理由があり、小野家の先祖が家を手造りしたからだ。

屋敷林や近くの雑木林から栗や松や竹を伐り出し、栗の表面はチョーナ（手斧）で四角に近づけて柱とし、曲がった松は梁に組み、太い松は前挽《まえびき》大鋸《おが》で挽き割って床材とし、竹の垂木を縛る縄は普通の稲がないので、短い陸稲《おかぼ》縄を冬の間に綯《な》う。

家造りでこうだから、衣・食・住すべてが手造りの自給自足。

なぜ完全自給自足をしたのか。理由は、江戸時代中期のこの地一帯が開拓地だったからだ。長い長

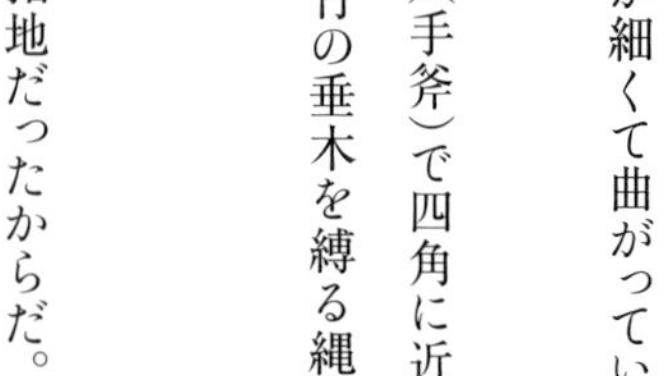
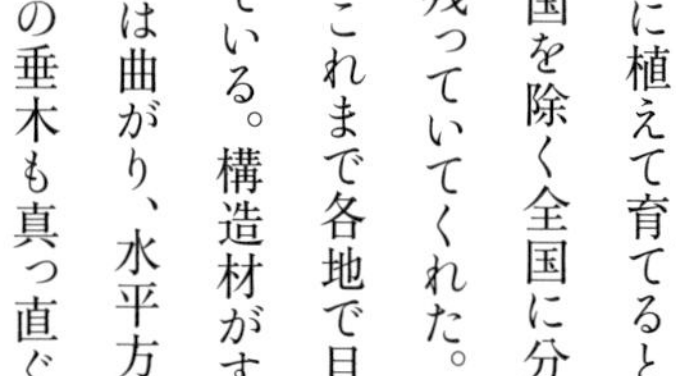
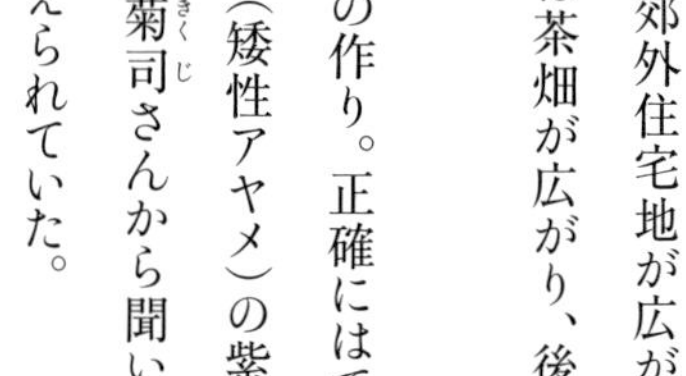

左：平成30年に屋根の葺き替えが行われた際、植え込まれたイチハツ。　中：正面西側の外観。大きな樫の屋敷林に抱かれ、前庭には四季折々の花が咲く。桁行14㍍（柱間6間）、梁間5.5㍍（柱間3間）の入母屋造で茅葺き。南面および東面に庇がある。平入の南向き。　右：小野家住宅は国の重要文化財。

い間、東京の北西に広がる地は、川の水が低い位置を流れるから水田ができず、無人の地だったが、江戸中期になると幕府は開拓を進めたのだ。玉川上水のように水の引けた地はいいが、そうでない地にも開拓農民は入り、小野家の村もそうして誕生している。大正6年生まれの菊司さんは「若いころ、白いご飯がいつも食べられるような生活がしたい」と願ったという。

土間から広間、座敷側を見る。礎石の上に立つ栗材の柱は、径が18㌢ほどだが存在感は抜群。右の囲炉裏は今でも毎月、第4日曜に市の職員とボランティアのかたにより、火が焚かれている。

民家で一番重要なのは〝火〟だが、この開拓民家には三つの火の場が設けられている。まず、板敷きの床の間の上に囲炉裏が切られ、土間には竈《かまど》が築かれ、ここまではどこの民家でも馴染みだが、竈の横に地炉《じろ》が掘られ、五徳の上に鉄瓶が載る。農作業には土がつきものだから、昼休みにわざわざ土を払って下足を脱いで板の間に上がるのは面倒だが、地炉なら土間も暖まっているし、簡単にくつろぎ、お茶を飲んだり、軽い食事も済ますことができる。そうした実用性以上に地炉で重要なのは、縄文時代の竪穴住居以来の土間と火と人の関係だと思う。土間に浅く穴を掘り、火を燃やし、周りに家族が集まって過ごした長い伝統が、開拓農民の心の中に生き続けていたのではないか。冬暖かいだけでなく、雨の時も地炉の回りは乾燥して気持ちがいい、と経験者から聞いたことがある。

間取りにも触れておこう。民家の間取りは土間はどこでも共通なので、床を張ったところで分類し、小野家は典型的な「広間型」に属し、その中の「三間取《みつまど》り」。囲炉裏のある広い板敷きが「広間」で、その隣の南側の畳敷きが「座敷」、北側が「納戸」の三つ間。納戸には窓がなく、かつてはそこに家族全員が集まって寝て、出産もそこで行われた。小野家でもおそらく、寝床ではなく、出産のための産《うぶ》屋《や》であったのだろう。

上：正面西側の庇上部。軒裏の竹の垂木、ロープワーク、緻密で丁寧な手仕事が見て取れる。
中：復元された風呂場。湯船はなく、竈で沸かしたお湯を運び、簀の子板床で行水した。板の下には玉石に囲まれた排水溜があり、お湯が流れるようになっている。　下：北側の壁面。土塗りの真壁で、内《うち》法《のり》上に残存した当初の工法で復元されている。

土間の南東隅にある開口部から小屋組を見上げる。梁上全面が簀の子竹天井。

納戸から座敷との境の上部を見上げる。中央に見える梁は手斧《ちょうな》仕上げの杉材。

撮影記

あるとき、編集部から「遠方の取材が続いたので、次回は予算削減のため、近場で取材できませんか」と持ちかけられた。これは悪い話ではない。ローコスト住宅に名建築が多いことからもわかるとおり、ある種の制限や与条件は、新しいモノを産む母でもある。そこで、灯台もと暗しとばかりに、埼玉県の古住宅を調べ上げ、行き当たった一つが、「小野家住宅」だった。

資料写真を見ると、曲がった柱が特徴的だ。梁に曲がり材を使った例はよくあるが、垂直材である柱にこんなに積極的に使った例は、見たことがない。上部は屋根に近い部分を支え、下端は下層につなげているなど、装飾的な魅力もある。曲がり柱にしたことで荷重を支える応力が増すはずはないから、建て主か棟梁、あるいは双方が、よほど変わり者か、ある種の美学を持っているに違いない。

さらに、資料を読み込むと、屋根を植物の根で補強する「芝棟」になっていて、てっぺんにイチハツらしきものが生えている。まるで藤森照信ワールドではないか。それがこんな東京の近県に人知れず存在していたなんて。

見たことのないモノは、人を誘う力が強い。よし、行こうと決めた。

2023年6月22日、博士と現地で待ち合わせ、取材に行った。梅雨時だが、高曇りの空だった。一雨来ても、それはそれで望ましい。ほぼ同時に現場に着き、さっそく元の住人の小野さんに案内してもらう。博士は「よく残っていてくれた! よく探したね!」とニコニコしている。当たり前だが、屋敷林を背景にした実物は、資料よりさらに美しく、撮影に来てよかったと思う。

内部の撮影を始めると、写真家の悪い癖で、少しでもよい状態で撮りたいという気持ちが強くなり、だんだんワガママになる。「あの照明器具ははずそうか」「神棚のダルマさんが目立ち過ぎるから、はずそう」。最初は、小野さんに一つ一つ「イイですか?」と聞いて動かしていたが、次第に図々しくなる。小野さんは「本格的な撮影は初めてですが、こういうふうにして撮るんですね!」と驚いているが、嫌味は全然ない。撮影は内に外にと、佳境に入っていった。

資料を見たときは、よほどの変わり者がつくった建築ではないかと思っていたが、曲がり材や叉柱は使いたいと思ってすぐ用意できるものではないので、いつか何かに使えるかもしれないと保存しておいたにすぎないのだろう。まるでおとぎ話の世界に入り込んだような建築だった。住む人の人柄のよさや、その家の穏やかな歴史は、住居に表れるものなんだよ。

帰り際、「なんだか、おれ、今日は藤森さんの建築を撮影しに来たみたいだったな」と感じていた。(藤塚光政)

構造学者の眼から見た木造遺産——小野家住宅

農家型民家の特徴である茅葺屋根。地域によって「ススキ」「チガヤ」「ヨシ」などの材料で葺かれるが、この建物では「ススキ」が用いられている。秋から冬にかけて枯れたものを刈り取り、冬の間に野積みにして十分乾燥させて使用する。木造の合掌材に竹製の垂木、直交するように防虫処理された小舞竹を藁縄で縛って、茅葺きの下地ができあがる。屋根の先端部分の軒付は重要な部分で、一番丈夫な茅を用いる。茅のずれ防止には稲藁が敷かれる。藁縄で束ねた茅束を軒付から棟に向かって、平葺部分を下から上に積みあげていく。この建物で茅の総量は約1200束にもなる。雨漏りの原因となりやすい棟部分は、特殊な棟仕舞が施され、「くれぐし」という頂上に土を盛り、植物を植えて納めた棟になっている。両側から葺かれた頂部に棟芯となる円筒状の棟巻茅を置き、棟の外形を形成する。その上を防水性のある杉皮で覆う。この杉皮の上に盛り土をして、芝とイチハツ(アヤメ科の多年草)を植えて、雨漏り防止と屋根飾りを兼ねた棟が完成する。盛り土は、土嚢袋で約70袋分にも及び、防水層の杉皮がこの盛り土が崩れるのを防ぐ役割をし、草の根も盛り土の崩壊を防ぐ。

茅で葺くという、単純に見える茅葺屋根であるが、屋根の部分部分によって葺き材、葺き方に工夫を加え、耐久性の低い屋根葺き材をできるだけ長寿命化させる工夫が施されている。それでも、茅葺屋根の材料の寿命は20年から30年程度であり、1世代で1回葺き替えられてきたことになる。木材、竹、草、土といった身近にある自然素材を使うからこそできる仕組みであるが、葺き替えの労働力は個人で賄うことは難しく、地域での互助の仕組みの中で長年継続してきた。この建物のように単独で残る木造建築では、こうした仕組みを適用することができないのは、大きな課題である。地域の材料だけでなく、人のつながりによって持続してきたのが、伝統木造建築である。

(腰原幹雄)

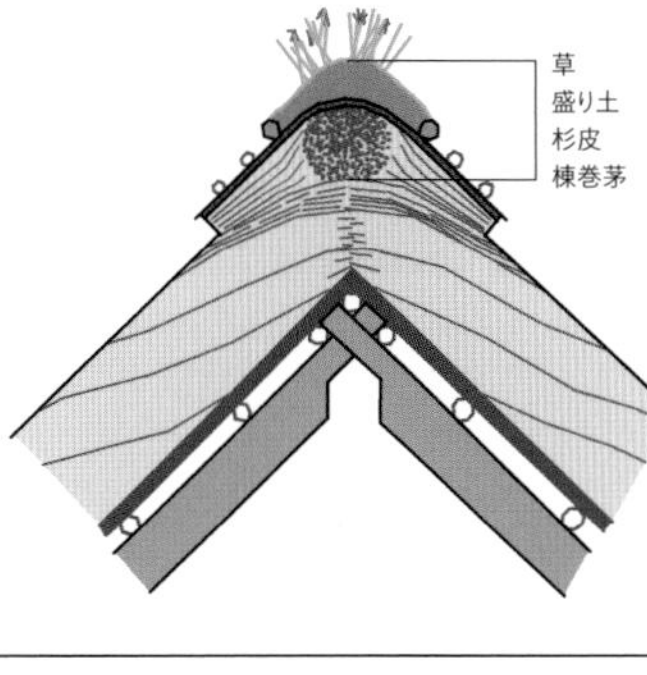

断面図

臨済宗南禅寺派

虎渓山永保寺 無際橋と観音堂

夢窓国師開創の古刹、架け橋は観音堂へ

虎渓山 永保寺 無際橋と観音堂
岐阜県多治見市虎渓山町1-40　拝観時間 / 7時〜17時　拝観料 / 無料
お問い合わせ / ☎0572(22)0351

臥龍池にかかる橋殿つきの反橋「無際橋《むさいきょう》」。橋長は約16.7㍍、幅員は1.7㍍。反りのある木造橋で、中央部に檜皮葺きの切妻方形屋根の亭を設けた庭園橋。永保寺建立の翌年1314年に架設された。現在の橋は明治40(1907)年に再建されたもの。何度もかけ替えられているが、当時の様式が保たれている。右に見える岩盤は梵音巌《ぼんのんがん》、これにかかる水瀑を梵音の滝と名づけている。

この禅寺を訪れてまず目につくのは、庭の池にかかる橋だろう。アーチ形を描いて大きく盛り上がるのも、頂部にポイントとしてかかる屋根の美しさも日本一。ヨーロッパや中国の石造アーチ橋に比べると軽く繊細だから、夢の中のシーンのようにも見える。歩いて渡ることも出来るから、若い娘さん二人が晴れ着で写しっこしていた。

禅寺といえば、アーチ橋ではなく枯山水と石の庭がつきものと思われがちだが、枯山水や石庭という日本に固有な庭園形式を後に確立する禅僧の夢窓疎石《むそうそせき》が、30代後半にこの地を訪れ、建築と庭を造っている。池を反り橋で渡り、その先に仏のまします本堂があるという庭園形式は、禅宗の興る鎌倉時代より前の平安時代に確立する〝浄土庭園〟が元だが、疎石は、前代の庭園形式を全面否定せず、引いたり足したりして、新しい庭園形式を生涯かけて生み出している。引いたものを数えると、芝草に松の築山と池のほとりの洲浜（小石敷）、足したものとしては大がかりな石組みがあり、最初はやったが途中で止めたものとしては池を渡る橋と中の島。印象深い橋と印象には残らない小さな中の島を持つ永保寺の庭は、日本史上最大の造園家として今に名を残す禅僧の中期の、浄土庭園から禅宗庭園へと移る時期の、貴重な傑作と評することができよう。

娘さんたちの写しっこが終わるのを待って橋を渡り、正面の本堂の観音堂に進み、軒を見上げて驚く。屋根の形式は禅宗様なのに、軒を支える禅宗固有の詰組がない。詰組がないばかりか、垂木が見えない。垂木に板を張って隠す本堂なんて、見たことも考えたこともすらない。

大きなアーチ状の橋は、禅の庭のあり方を巡る試行の過程と思えば理解できるが、木造建築の見どころの一つである垂木の並びを隠して、その先にどんな木造の未来があるというのか。困惑しながら観音堂に入り、また驚く。由緒正しき鎌倉時代の禅宗寺院の本堂だから平瓦の四半敷きに土足のはずなのに、靴を脱いで板敷きの床に上がっている。驚きは続き、正面中央に祀られる観音像は、なぜか古木を集め漆喰で固めた洞窟の中。こんなヘンな祀り方は開祖以外にはできないだろう。

左：高欄は腰かけと一体となっており、腰かけて庭を眺めることができる四阿《あずまや》的な機能を持たせてある。
右：手摺りの角は擬宝珠高欄に。

古木を漆喰で固めた洞の中に観音像が祀られた観音堂。内部は方3間の身舎《もや》に1間の裳階《もこし》がついた形式で、1辺約9.8㍍の正方形。

左：まるで広縁のような板床の吹き放ち。内側の3間に花狭間《はなはざま》のついた桟唐戸が立てられている。　中：観音堂身舎から橋を見る。身舎の欄間は格子だが、前面は板敷きの吹き放ちで建具はなく、上部に波形連子の弓欄間がついている。　右：橋の正面。檜皮葺きの屋根には「無際橋」の扁額がかかっている。向こうは観音堂。

板敷きに腰を下ろし、外観と洞窟の謎について思案し、答えの見つからないまま、まず天井を見上げ、次に床を見てまた驚き、この最後の驚きは発見の喜びへと変わる。

具体的に述べると、天井に張られた板の一枚一枚が異常なまでに広く長い。床に張られた板は節だらけの上、その節が大きいばかりか、長年の使用により強く浮き出ているではないか。外観における軒の異例な板張り、そして室内における天井と床の板の形状、この三つの板が指し示すのは、縦挽きノコギリの存在。私の大学院時代の指導教官の村松貞次郎は大工道具の歴史に詳しく、門前の小僧として基本的知識を耳学問で得ている。丸太から板を挽きだす縦挽きノコギリのことを大鋸《おが》といい、鎌倉時代、中国から日本に初めて入り、以後室町時代にかけ、それまでの楔による割り板に代わり大鋸挽きが主流になり、ここに初めて、曲がったり捻じれたりする丸太や節のある丸太からも、薄い板を得ることが可能になる。大学院生時代、村松先生について、縦挽き作業を描く最古の絵を伝える博多の聖福寺と、現存最古の大鋸の優品を保存する山梨の恵林寺の二つの寺を訪れた時の記憶が、驚きを次の小さな発見に変えた。聖福寺は禅を初めて日本に入れた栄西が、中国から帰国してすぐ博多に開いた禅寺だし、恵林寺の開祖は夢窓疎石その人。とすると大鋸は、禅宗とともに日本に入り、禅宗とともに全国に広がった新技術だったのではないか。

さらにいうと、各地の禅寺で大鋸を使って素早い建設を実現した疎石が、岐阜の永保寺の建設にあたり、禅宗教団の誇る新技術の力を人々に知らしめるべく、割るのが無理な杉の巨木と、節だらけの松の古木を板に挽いてみせた、と考えたらどうだろう。

長く薄い帯状の金属の焼き入れは刀より難しいといわれ（村松説）、大鋸の普及は、鎌倉時代から室町時代にかけ長い時間のかかったことが分かっており、岐阜に入ったのは永保寺が最初だったのかもしれない。そう考えると、垂木を板で隠すなどというヘンな試みを開祖がしたのも分かる。近づいて見上げると、薄い板。

左：軒裏は垂木を見せず板張り。　右：屋根は入母屋造の檜皮葺き。上層の深い軒反りは禅宗様特有だが、下層の裳階屋根は軽快に延びていて美しい。

撮影記

永保寺・無際橋には、長い間、憧れを抱いていた。

僕が写真家になる道筋をつけてくれたのは、土門拳だ。恩人である。仔細は省くが、1961年、「できたての小さい出版社だが」と土門さんが世話してくれた就職先が、『インテリア』という月刊誌の編集部だった。これが建築を撮影するきっかけとなった。

恩義は別にして、土門拳は何を撮影しても名人だが、昔から好きな写真の一つが「永保寺臥龍池無際橋」であった。だから、長い間、この橋の実物を見たかったのだ。後に夢窓疎石という作庭家を知り、かつ橋という構造物に興味を持ったせいで、余計にそう思うようになったのかもしれない。

ただ、僕にとって、構造物は建築と違い、撮影したい対象というよりは、体験したい対象である。だから、最初から土門さんが撮った橋を、自分も撮りに行きたいと思ったわけではない。しかし、庭や構造物は長い歴史の中で、周囲の環境の変化によって、さま変わりすることがよくある。それなら、僕が生きている間に、その時代の姿を写真に留め置くのも自分の役目なのかもしれないと思うに至った。記録によれば、土門さんが永保寺の無際橋を撮影したのは1962年。そこで、ちょうど60年後の姿をとどめようと、2022年に永保寺を目指すことにしたのだ。

土門さんが撮影した写真には、橋の頂部の下の池にある小さな浮き島が写っていて、そこからひよひよとした細い木が伸びている姿に、なんともいえない風情があった。

ところが、今回行ってみると、島も細木も見当たらない。60年も経てば、生まれた赤子も還暦だから、環境も変化して当たり前かもしれない。だが、その分、情緒をはぎ取り、橋そのものに迫ることができたと思う。晴天だけは避けたかったが、当日の天気は雨で、むしろ望ましかった。

アーチ型の頂部に四阿を持つ橋を「亭橋」と呼ぶ。橋の上で座して景色を眺められるので、なんとも優雅だ。許可を得て保護のための柵をはずし、まずは撮影を終わらせた後、実際に四阿《あずまや》に座ってみた。すると、池の上を心地よい風が吹きわたり、自然と鼻腔も膨らみ、腹式呼吸による副交感神経優位の穏やかな心地になってゆくのがわかる。

水中底部にある池底木製土台の存在は、腰原博士に教えられるまで知らなかったが、知って初めて、たおやかな橋の緩いアーチを保つ構造の味がわかったような気がする。(藤塚光政)

構造学者の眼から見た木造遺産――永保寺 無際橋

反り橋の中央に、4本柱に切妻の檜皮葺の屋根を持つ亭を設けた亭橋。太鼓橋とも呼ばれるアーチ状の反橋では、渡橋者の重量が橋桁に沿って横方向に拡がっていき、両端の石組に支えられることになる。中間の橋脚は、もちろん鉛直方向の力を支えることになるが、橋桁が斜めのために、長手方向に横に拡がろうとする横方向の力も受けることになる。このため橋脚は、通常掘立柱のように、地中に埋め込まれてこの水平力に抵抗するが、この橋では少し異なっている。池の中をよく見ると、橋脚を長手方向、短手方向につなぐ木材があるのに気づくはずである。これは、建物の土台と同様の部材であり、礎石の上に載っている。つまり、この橋は、池の底に置かれているだけなのである。この土台には、当初は松の根曲がり材が用いられていたようで、石組の下には切断された昔の材の端部が残っている。池の中に、木材があると簡単に腐ってしまうと思うかもしれないが、腐るのは腐朽菌の活動であるためで、常に水につかっている場所では、酸素がないから腐朽することはない。その代わり、橋脚の下部など水面の変化で、水につかったり空気中に出たりする部分は、弱点になってしまう。

この土台は、橋を支えているだけでなく、橋が拡がろうとする力に対しても、柱同士を結び付け、拘束している。

池の中の土台、普段は見えない所にある部材が重要な役割を果たしているのが、伝統木造である。(腰原幹雄)

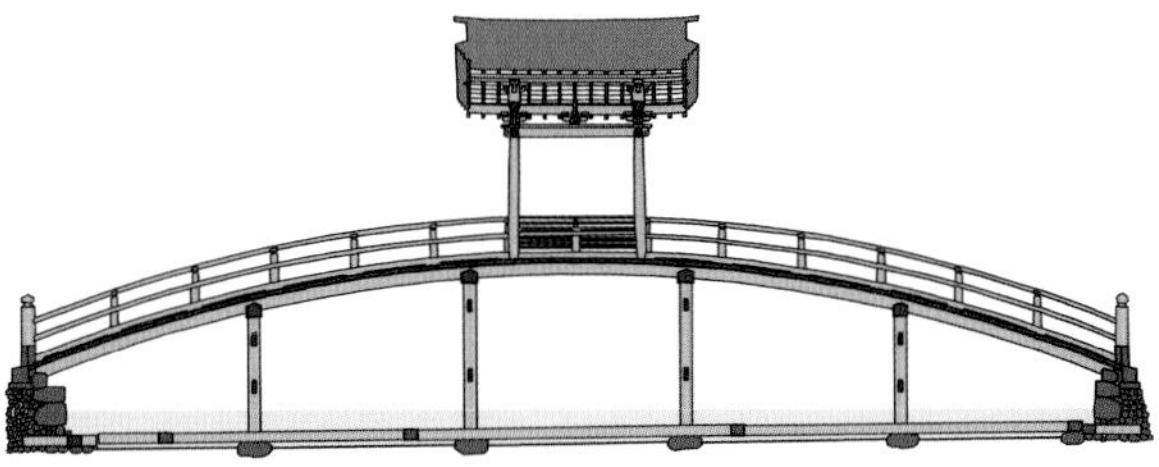

長手断面図

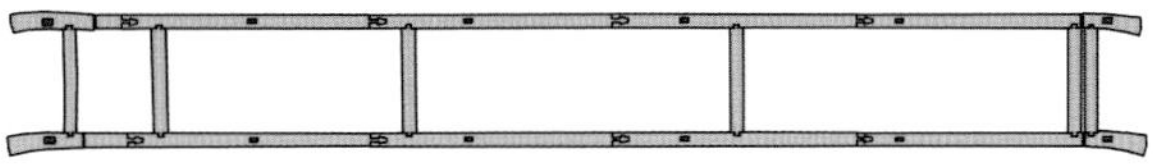

土台伏図

臨済宗南禅寺派

虎渓山永保寺 開山堂と坐禅石

巨大な梁が支える祈りの大空間

虎渓山 永保寺 開山堂と坐禅石
岐阜県多治見市虎渓山町1-40　拝観時間 / 7時～17時　拝観料 / 無料
お問い合わせ / ☎0572(22)0351

祠堂側から見た昭堂。昭堂内部に立つべき柱は省かれ、長い虹梁で隣接する「相の間」と一体化。構造的には相の間との境に架けられた梁から、昭堂前面の柱に向かい2本の梁を渡し、その上に4本の大瓶束を立て、二手先詰組の組物を配している。中央は鏡天井。

永保寺を開いたばかりか、庭と建築まで自ら手がけた夢窓疎石は、珍しいきっかけで禅に目覚めている。9歳で出家した当初は天台宗だったが、18歳の時、夢の中で達磨《だるま》の半身像に出会い、禅宗へと転じた。昔の日本の仏教への入り方には、図像的想像力の力で目覚める〝観想念仏〟と、理論から入る〝称名念仏〟の2通りがあった。キリスト教においても16世紀にカトリックとプロテスタントが対立した時、アルプス以南の前者は図像的、演劇的想像力に訴えるべくバロック芸術とオペラを生み、アルプス以北の後者は、理論によってカトリックを攻撃している。

観想から入った疎石は、洞窟の中で奥の岩に向かって坐禅する達磨の姿（半身像）を、生涯でも忘れ

祠堂側から相の間の向こうに昭堂が見える。

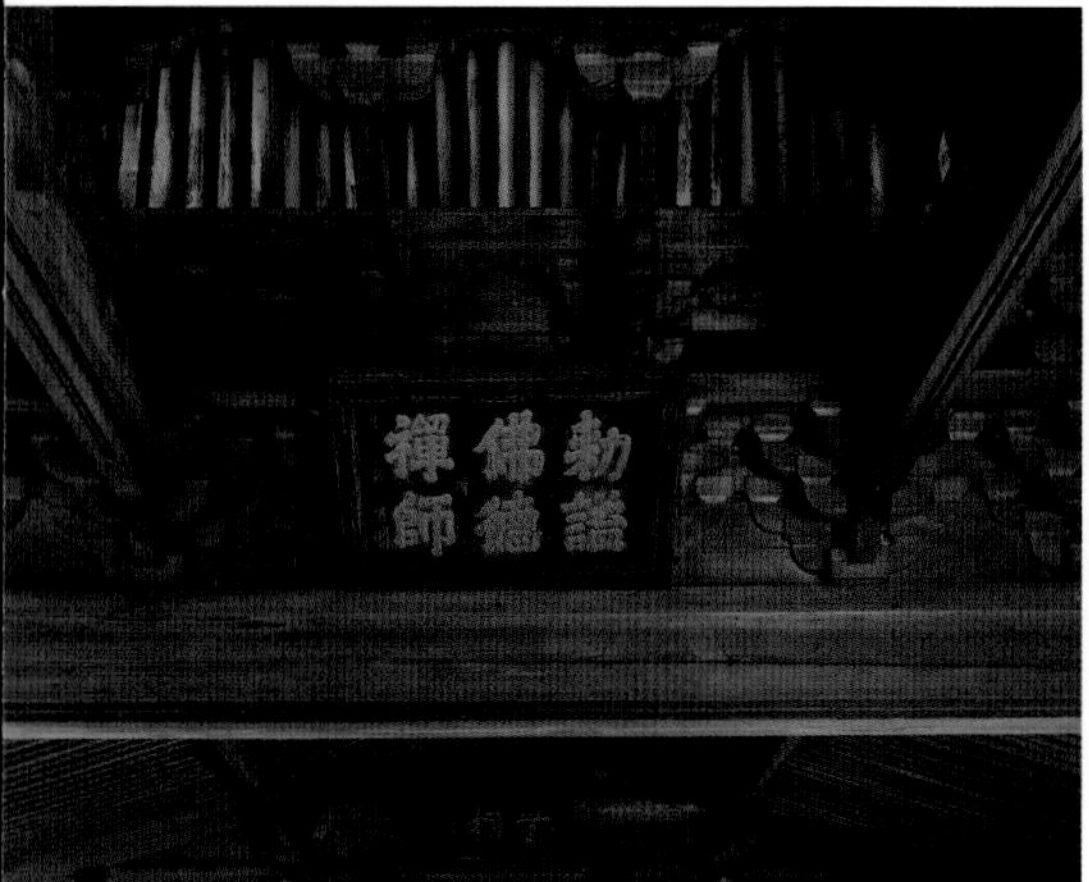

左：昭堂上に架かる扁額「勅諡佛徳禅師」は開山・元翁本元の諡号。　右：桟唐戸を境に左側が内部、右側が軒部分。枡組が外に飛び出した2本の尾垂木が見てとれる。

ることはなかった。禅に目覚めてから、面壁九年の達磨像に加え、洞窟の周りの禅のある風景を、中国からもたらされた絵や説話から観想し、やがて固まったそのイメージを、嘉歴2（1327）年、鎌倉幕府から開くことを初めて許された自分の寺の瑞泉寺（鎌倉）で実現した。訪れると、本堂の背後に、疎石の観想した禅の風景が、庭として昔のままに伝わる。草木の茂る小高い岩山の裾に岸壁が切り立ち、正面には狭い平地があって、その上部に浅い洞窟が掘られ、岸壁の上からは、細い清流が岩肌伝いに流れ降りて狭い平地の前に池を作り、本堂から洞窟へは、小さな反り橋を渡って到る。洞窟はもちろん坐禅窟。反り橋の左手から池を越えて、急斜面をよじ登ると頂部に到り、設えられた亭で坐禅を組むと、相模湾の向こうに富士を望むことができる。

疎石は、栄西など日本の禅の先達のように中国に留学していないが、逆にそのぶん観想は膨らみ、あたかも本場を見てきたような、というか本場より純度の高い、絵のような禅の光景を庭として結実したのだった。鎌倉での実践は、以後の庭の元となり、永保寺の庭も坐禅窟こそ欠くが、共通する。

平安時代の、阿弥陀如来のまします極楽浄土を意識する浄土庭園は、疎石によって鎌倉時代の禅宗庭園へとどのように変わったのかを箇条書きすると、

1、中の島が消える。
2、池を縁取る洲浜は、石の並びに変わる。
3、洲浜から上陸した先の、松に芝草の築山は消える。
4、築山に立っていた（釈迦）三尊石は強く大きく荒々しい石組みに変わる。
5、池に面して、石だけの枯滝が組まれる。
6、池の縁に、石組みによる洞窟が組まれる。
7、池に面する急斜面の石の降下が、滝とみなされる。
8、坐禅石が置かれる。

左：開山堂を西側から見る。右手が昭堂。正面側面ともに3間の入母屋造。左手が同じ入母屋造で裳階《もこし》つき。正面側面1間の祠堂。側面から見ると、この2つの建物を切妻造の「相の間」がつないでいることがよく分かる。　右：臥龍池。

こう並べてみると、疎石による禅の庭が石の存在を強く意識したこと、さらに、水を石で表現するという、日本ならではの枯山水の庭が、疎石に始まることも分かるだろう。

インドの洞窟寺院における面壁九年の達磨の姿は、中国を経て、日本の地で疎石の類い稀な観想の力により、野外の石の庭へと進化した。

永保寺において疎石の、石愛を象徴するのは坐禅石である。危険なので公開されていないが、案内していただいた。永保寺は市中の寺ではなく禅の修行のための道場であり、だから修行の場として危険な場所に坐禅石が選ばれたのだろう。

枯葉で滑る岩肌を這うようにして登ると、崖の縁から突き出すようにして目指す大岩はあった。へっぴり腰で立って下方を眺めると、眼下に樹々が茂り、その先の右手には観音堂と池が望まれ、左手には樹々が茂る以前は開山堂が見えたという。永保寺の二つの国宝建築を見下ろす一つの岩。この岩に坐して疎石は、この地を修行の場に決めたのではないかと疑われるほどの立地。

庭の話ばかり続けたが、最後に開山堂の建築について触れよう。

池から少し離れた位置に疎石が最初に建てた庵の跡地があり、その隣に疎石とともに永保寺を開いた元翁本元の二人を祀る開山堂が立つ。

禅宗様からズレて、疎石の独自の作りを見せる観音堂に比べ、疎石の後に造られた開山堂のほうは、禅宗様の基準をちゃんと守る。

禅宗様建築としては、円覚寺舎利殿ほど有名ではないが、下屋付きの舎利殿より背が低く、下屋のない分だけ、禅宗様の見せ場である詰組と扇垂木の造りを詳しく知ることができる。

鎌倉時代の三大建築様式ともいうべき和様、大仏様、禅宗様のうち、禅宗様が、中国直輸入の賑やかな美学をよく体現しているのが分かるだろう。

開山堂正面。外陣は正面3間、側面3間。一重の入母屋造、檜皮葺き。屋根の反りが美しい。

左：裏手の険しい崖上にある「坐禅石」。伽藍全体が見下ろせる位置にある。 右上：祠堂に安置されている開創夢窓国師(右)、開山佛徳禅師の坐像。 右下：外陣側面の桟唐戸に組み込まれた花狭間。美しい透かし彫りは唐様の特徴の一つ。

構造学者の眼から見た木造遺産——永保寺 開山堂

一般に三間堂と呼ばれている仏堂は、正面の柱間《はしらま》が三間の堂のことであり、三間×三間の正方形につくられるものは、方三間と呼ばれる。伝統木造建築では、「間」には二つの意味があり、一つは尺貫法における長さの単位で、現代では1間=6尺=約1.82㍍に換算される。この尺の長さは、当初は全国一律の尺が用いられていたが、時代と地域によって様々な長さの尺が使われるようになり、明治時代に再び1㍍の10/33と定められた。もう一つの「間」は、柱と柱の間、つまり柱間を示す単位である。この場合、長さではなく三間堂であれば、4本の柱によって三つの柱間があるため、三間堂ということになる。さらに建物は母屋と庇で構成されるため、その何面に庇が付くかで、建物の構成を理解することができるようになっている。三間四面は、桁行三間の母屋に四面の庇が付くことを表している。建物の絶対的な大きさではないが、大工は全体の規模を理解することができる。

開山堂は、外陣－相の間－内陣で構成されているが、一見同じように、正面に4本の柱がある三間堂に見える外陣と内陣も、外陣は「桁間、一重」、内陣は「桁行一間、梁間一間、一重裳階《もこし》付」と表されることになる。外陣では、各辺に4本ずつの柱が建てられるはずであるが、中央の4本、奥の2本は抜かれているため、特殊な小屋組となり、大きな梁が2本正面から奥に向かって架けられることになっている。一方、内陣は、内部の4本の太い丸柱と外周の細い角柱があり、4本の柱で囲まれた母屋と四面の裳階ということになる。同じ外観でも、構造的な構成が異なることになる。

大工の間で建物の規模、空間構成を共有する際、長さの絶対的指標ではなく、相対的な指標を用いることが多く、比率を大事にするのが、伝統木造建築である。
（腰原幹雄）

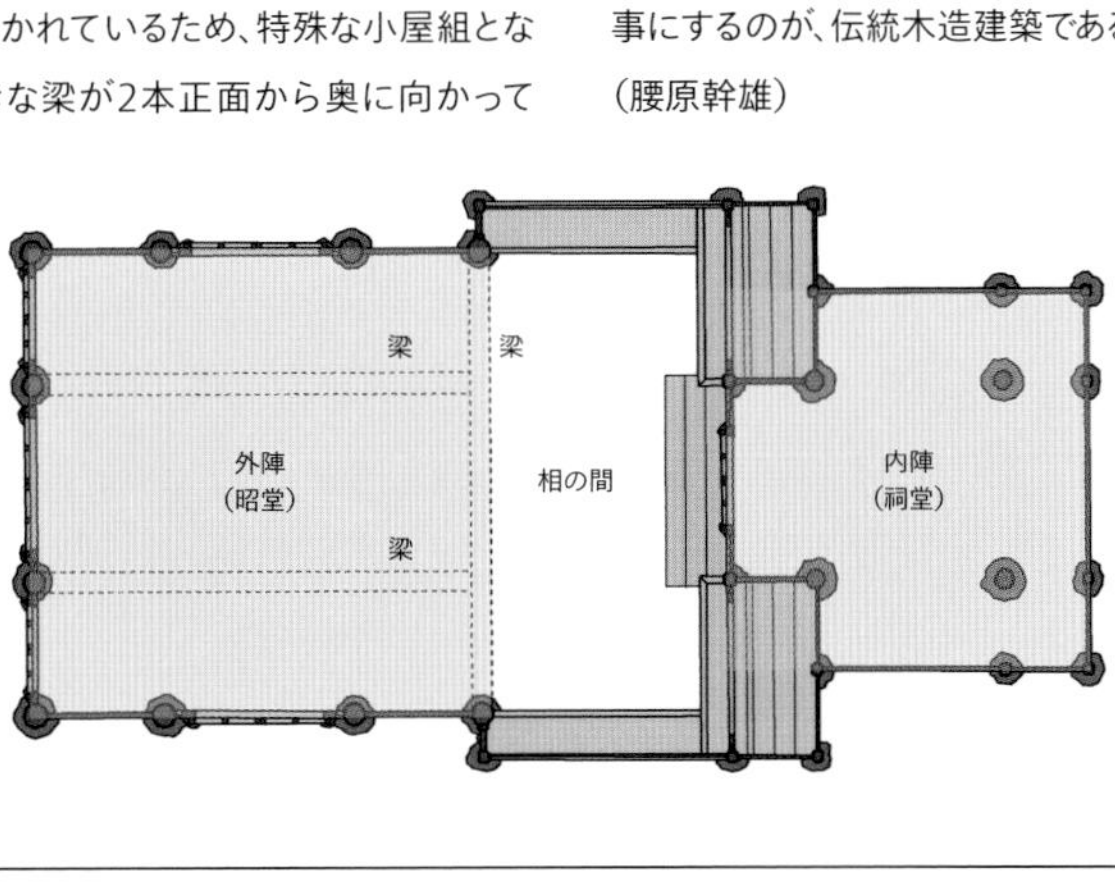

俯瞰図

特別名勝

栗林公園 掬月亭

庭園と建築、究極の一体化がもたらす別天地

栗林公園 掬月亭

香川県高松市栗林町1-20-16　開園時間 / 7時～17時(月により時間が変わります)　入園料 / 大人410円(小人170円)　お問い合わせ / ☎087(833)7411(栗林公園観光事務所)　※掬月亭の入亭料が別途必要です。

20世紀建築の基礎を築いたグロピウスは、戦後の昭和29年、長年憧れた桂離宮を初めて訪れた時、盟友ル・コルビュジエに宛て「私たちのしようとしたことはすでに実現していた」と書き送っているが、もう少し足を延ばして、高松市の江戸時代初期に作られた、この建築を目にしたら、言葉を失ったに違いない。桂離宮以上に桂的でモダンな質がここにはあるからだ。

まず内と外、二つの空間が連続し、中の人は、庭から〝出て来て舟に乗って水面の月でも掬《すく》いなさい〟と誘われているし、庭の側の、具体的には池で舟遊びする人は、そのうち舟を下り座敷に上がりたくなる。空間が人の動きもそのように誘導する。それも、柱の二方向に対し、こっちは三方向に。

20世紀初頭、壁で囲まれたヨーロッパの厚い箱のような伝統建築をなんとか打ち破ろうとモダニズム創出に苦闘したグロピウスやコルビュジエにとってこのような内外の関係は理想だった。

内外の連続性に加えもう一つ、忘れてはならないモダンさが、この建築にはある。視線を庭から畳の面に下ろしてほしい。線がタテヨコに走るのが分かるだろう。日本人には当たり前だが、人体寸法を基準にしたこうした線が、床面を走るのは日本の畳だけ。次に、柱の立つ位置を見てほしい。畳の線の交点に立つ。さらに今ははずしてあるが、障子も襖もこの線と点に従う。そしてさらに、柱の上に載る長押《なげし》の高さも畳の長さとほぼ同じだから、柱と柱の間は床（畳）と同じ寸法の面（障子、襖）が占めることとなる。よって、この空間は、畳の短辺の長さ半間を基準にした立体格子に従って構成されていると見なすことができる。

20世紀を特徴づける科学技術、科学技術の原理であり言葉である数学、数学の空間部門を受け持つ幾何学、それらが、空間と造形の背後には隠れている。桂離宮でここまで言うのはやや苦しいが、香川県の栗林《りつりん》公園掬月亭《きくげつてい》なら言える。

栗林公園の歴史は古く、地元の豪族の庭園に江戸時代最初の大名生駒家が手を入れ、さらに寛永19（1642）年に移ってきた松平家が五代100年余をかけて今の姿にしている。

前ページは東側の座敷「掬月の間」中央からの景。12畳が縦に2間続き、周囲を板縁が取り巻く構造で、三方の板戸を取り払うとフルオープンに。まるで、南湖に突き出したように感じられる。中央に座すと、縁柱は母屋の柱に重なり完全に隠れる。視界を遮る柱の数を最小限に抑えている。

上左：長押には四葉の釘隠し。　上右：天井には黒漆が施されている。　下左：2つの部屋を仕切る襖上の欄間は、繊細かつモダンな井桁の意匠。黒漆が施されている。格子に囲まれた空間にあって絶妙なアクセントに。　下右：北側の壁全面を大床とした床の間には、名の由来と推察される唐の詩人于良史《うりょうし》(「掬水月在手」[水を掬《きく》すれば月手に在り]の軸がかかる。

掬月亭に向かって南湖に漕ぎ出した小舟の上からの景。左手には楓が美しい岩島、楓嶼《ふうしょ》が、右手には白砂の浜に、十二支を擬した「干支石」があり、手入れの行き届いた松や蘇鉄が並ぶ。

紫雲山を背景に、400年近い歴史を誇る特別名勝、栗林《りつりん》公園。約23万坪の園内に6つの池と13の築山を巧みに配した回遊式大名庭園は雅趣に富み、"一歩一景"と讃えられている。なかでも大茶屋として親しまれる掬月亭《きくげつてい》は時代を超えた独創的なデザイン。漕ぎ出す船のように、神仙蓬莱の景趣と一体化した建築的魅力がある。

左:北側の庭には巨大な蘇鉄と松、その間を飛び石が続いている。その先には、11代徳川家斉公から賜った盆栽を地植えにしたという、巨大な五葉の松が見える
右:南側の庭の景。手入れの行き届いた松が並ぶ。手入れする職員は40名を超えるという。

畳に腰を下ろして、池の水面に群れて浮かぶ水鳥と、若い女性グループの乗る小舟を眺めていると、幸せな気持ちになってくる。讃岐高松藩のお殿様は、海辺の城での政務に疲れると、すぐ近くのこの下屋敷にやってきて、現実と浮世を離れ、別天地での一刻を楽しんだに違いない。晴れの日もいいが、日本の庭は小雨の時だって風情は深い。

訪れた者に別天地を感取させる空間は、日本はむろん世界でも、庭と建築の一体化を不可欠とし、どちらが欠けてもどちらが過剰でもかなわない。

この池泉回遊式の大名庭園は、岬や島状の地形、それらに縁どられた出入の多い池、松の生える築山、点々と配された自然石、さらに岸辺に小石を並べた州浜といい、すべての造園作法は平安時代に確立した浄土式庭園に発している。この世に阿弥陀如来の司る西方浄土を実現し、そこで一時を過ごして心の安らぎを得ようとした。

平安時代の高貴な人々は、ゆるやかで長く伸びた廂《ひさし》と柱が立つだけの、水平的開放性を特徴とする寝殿造の縁側から下りて庭に出ると、州浜から飾り立てられた舟に乗り移り、島に上がり、阿弥陀仏を拝したという。

池泉回遊式庭園に、舟遊びが付きものなのは、浄土式庭園の伝統もあるが、加えて讃岐国の立地が大きかったのではないか。この国は瀬戸内海に面し、城は海城形式をとり、大名行列は船団を組んで行い、殿様は御座船を使う。

掬月亭の姿に舟を想った。あまりに低い重心と軽さ、三方への完全開放、そして、室内に点在する豊かな装飾的作りは、御座船が陸に上がった姿ではないか、と。

建築様式を述べれば、床の間、長押、格天井からして書院造に違いないが、全体をまとめているセンスは、桂離宮を始点とする数寄屋造。殿様の空間は、格式ある書院造を旨とするが、下屋敷では、書院造の皮をかぶった数寄屋造を楽しんだのではあるまいか。

左:仕掛けを真上から見たところ。ここで板戸を90度回転させることができる。日中、128枚の板戸すべてが戸袋に収められ、視界から消える。　右:南北の角にある「雨戸廻」の仕掛け。

富士山を模したという飛来峰からの眺め。紫雲山が庭続きのように背景を満たし、見る者を麓の掬月亭へと誘う。見下ろした南湖には太鼓橋の偃月橋《えんげつきょう》がかかる。橋と汀の間に浮かび、青鷺がとまっている石組みは蓬莱島を模した「仙磯《せんぎ》」。

構造学者の眼から見た木造遺産――栗林公園 掬月亭

伝統木造建築は、柱梁による軸組構造で構成されており、構造体だけでは内部も外部も境界のない空間になっている。この軸組の中に柱間装置と呼ばれる壁や窓、建具が挿入されることで、空間を変化させている。

襖は、内部空間を仕切ることで部屋の大きさを変えることができ、側廻りの紙障子は、空間を仕切り、風を防ぎながら外部の光を透過することができ、雪見障子ではさらに外の景色を見ることもできる。逆に、簾《す》戸《ど》は風を通しながら日射を遮ることができる。また、風雨から紙障子を守るためには板戸の雨戸が外側に設けられる。こうした、建具を多層に重ねたり、交換したりすることで、四季に応じた景色、風、光、雨の調節を可能にしている。

特に開放性は、通常の2本の溝をもつ敷居の2枚引き戸では、建具を開けても片側には半分建具が残ってしまい、柱間の視界は遮られてしまう。建具を取り外せば全て開放されるが、建具の収納場所を用意しなければならない。そこで、最外層の雨戸では通常、柱間ではなく、柱の外側の敷居に3本目の溝を掘ることで、柱間を超えて1カ所の戸袋に収納することができ、開放と収納が両立する。それでも敷居の溝は直線のため、各面に戸袋が必要になる。この掬月亭では「雨戸廻」と呼ばれる回転機構を設けることによって、庭の正面の両隅で雨戸を直角に方向転換できるようになっており、戸袋の数を減らし、庭への視界がさらに開けるようになっている。

構造の軸組と非構造の建具の組み合わせ方によって、環境の変化に対応しているのが伝統木造建築である。(腰原幹雄)

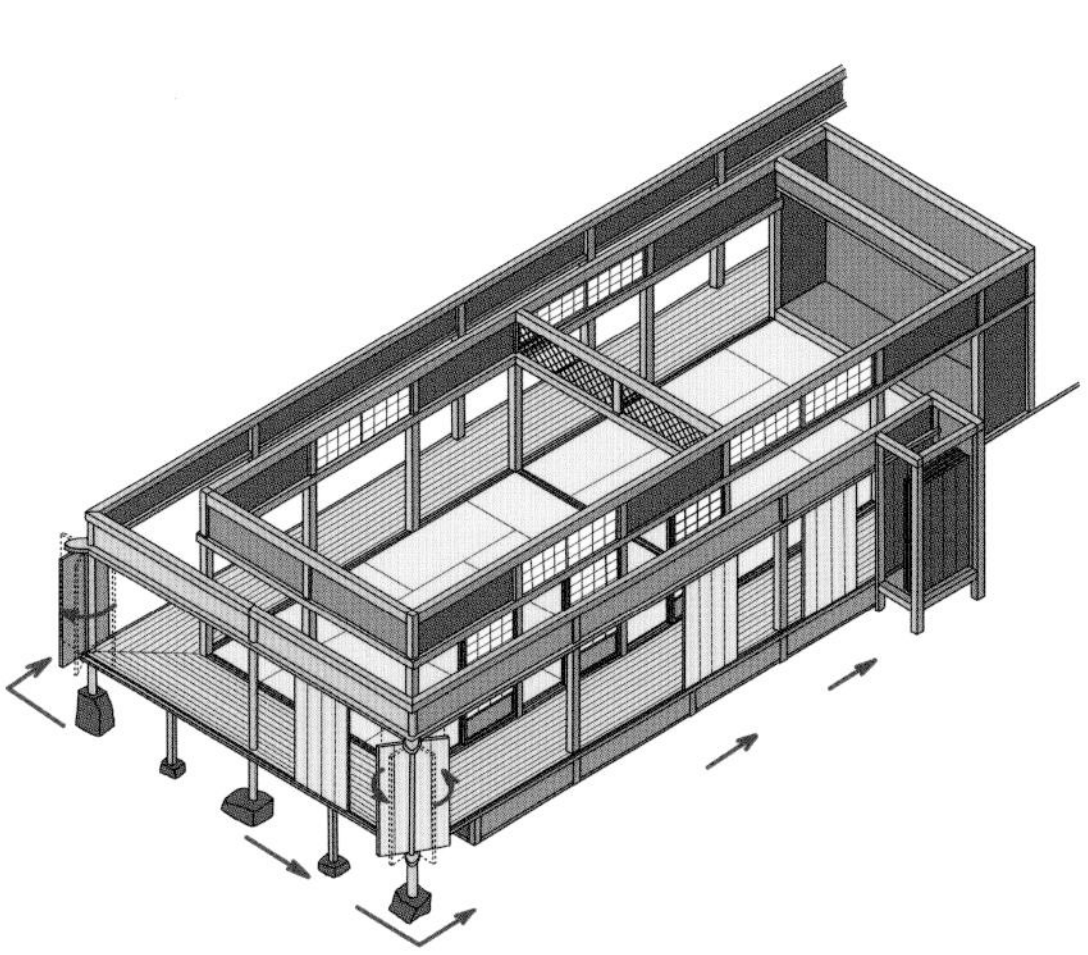

等角投影図

清浄山　曹洞宗

龍岩寺　岩屋堂

三尊仏像をお護りして738年。岩窟に建つ懸造の仏堂

龍岩寺 岩屋堂

大分県宇佐市院内町大門290-2　拝観時間／9時～17時（11月～3月は～16時）　拝観料／200円　お問い合わせ／☎0978(42)6560

天然の窪みをそのまま利用した懸造《かけづくり》。床下の4本の梁が両側の岩盤に架け渡され、岩盤に合わせた大小9本の柱が不規則に立つ。手前にあるのは仏像を彫って余った楠で作られたという階《きざはし》。1本の木を削り出したもの。

宇佐神宮の神宿る山（大元神社）をさらに南西に分け入ったあたりに、知る人ぞ知る建築と仏像が岩山の中腹に静かに隠れている。

宇佐神宮の南に広がる山岳地帯は、標高は低いが岩と崖からなる山容は険しく、古来、山岳信仰の霊場であったが、そこに仏教が伝播し、神と仏の習合が起こる。その時の習合化の様子を「龍岩寺縁起」は次のように伝える。

奈良の遊行僧・行基が、宇佐神宮参籠のみぎり、この地に寄り、山岳信仰を代表する山の神の萬力坊の助けを得て、崖に穿たれた岩窟に〝懸造《かけづくり》〟と〝仏像〟を作った。

まず建築から。懸造は人里離れた山奥にあり、寺の規模も小さく、残る記録も乏しいから、いつ作られたか不明がほとんどの中で、棟木《むなぎ》の墨書から、「弘安九年二月二十二日」に「沙弥」なる人物の寄進により建立されたことが分かる。今から７３８年前の弘安９（１２８６）年は、５年前の蒙古襲来により鎌倉幕府の力は衰えを見せ、国は乱れ始めた時期にあたるが、今なら女性と思われる沙弥さんは、何か切なる願いがあって寄進したのだろう。

建築の作りは、緩い勾配の板葺きの屋根といい、その下に広がる庇といい、その外側の濡縁と低い勾欄といい、庇と濡縁を分ける本格的蔀戸《しとみど》といい、すべて寝殿造の特徴を見せる。

初編『日本木造遺産』（２０１４年）に登場した懸造の代表作〈三佛寺投入堂〉も、優美で緩い勾配の檜皮《ひわだ》葺きの屋根が教えてくれるように寝殿造だった。

厳しい修行で鳴らす山岳信仰と、『源氏物語』や『枕草子』の舞台をつとめた寝殿造のイメージはあまりにかけ離れ、建築史家は困惑しながら、次のように考えた。

山岳信仰において、行者は、岩山の洞窟に籠り、さまざまな荒行を続ける。まず、岩から染み出る水によって渇きを癒し、里では当たり前の米や豆を止め（五穀絶ち）、かわりに木の実を拾い草の根を掘って食べ（木喰）、日夜を通して岩峰を巡り、時には岩上に座して瞑想する。

岩盤を穿ったトンネルをくぐると
懸造建築の礼堂が見えてくる。

岩屋堂の広さは3間×2間、屋根は片流れの板葺き。崖下にある県道との標高差は約100㍍にも及ぶ。

上左：岩盤に合わせて先端が削られた柱。　上右：まるで刺さるように岩盤に架け渡された床板を支える梁。　下左：この棟木には「奉修造岩屋堂一宇　弘安九年歳次丙戌二月廿二日大旦那沙弥」の墨書銘があり、1286年に再建された証。　下右：大引きを支える梁と柱。

こうした行の拠点となる岩窟は、修行中の〝住い〟に他ならない。

日本の伝統的建築は、住いと宗教建築が分かれ、それぞれ別の流れをなして変化し進化してきたという、西洋や中国にはない特徴を持つ。住いは、上層に限ると、高床住居、寝殿造、書院造と変化するのに対し、神社と仏教寺院は、平面も技術も表現も住いとは違った流れをなす。

山岳信仰と仏教が習合した時、建築は山中と麓の二つ一組からなり、山中は岩窟の前に迫り出す懸造で作り、麓の金堂の作りは普通の仏教建築と変わらず、金堂が寝殿造なんてことは決してない。投入堂の三佛寺も、このたびの龍岩寺も、麓の寺はふつうの寺の作りをとる。

山中の懸造は、岩窟が修験中の〝住い〟と見なされていたから、寺院風ではなく、鎌倉時代にも前代から続いていた寝殿造をとった、と考えてはどうだろう。なお書院造は室町時代の後半に成立した。

次に、懸造の奥に座す仏像について。

緩い勾配の屋根越しに洞内に差し込む光が、粗く暗く湿る岩肌を背にした三体の仏像を浮き上がらせる。楠の巨木の一木から彫り出された素木の仏像は、平安時代ならではの面持ちと仏像の専門家は言い、重要文化財に指定されているが、私は、こんな不思議な表情の仏像を拝したことはない。

楠ゆえ虫が入りにくかったにせよ、木の肌が、仏像にしては妖しいまでに生々しい。

神仏習合の当初、巨木に宿る見えざる神を現すべく、生きている樹の表面を彫って蔵王権現などとしたそうだが、そうした時代の木彫りの生々しさが今に伝わっているのかもしれない。

秋の夜、住職と檀家はここに集い、満月の明りに照らされて、山中の寝殿造の宴を催すという。

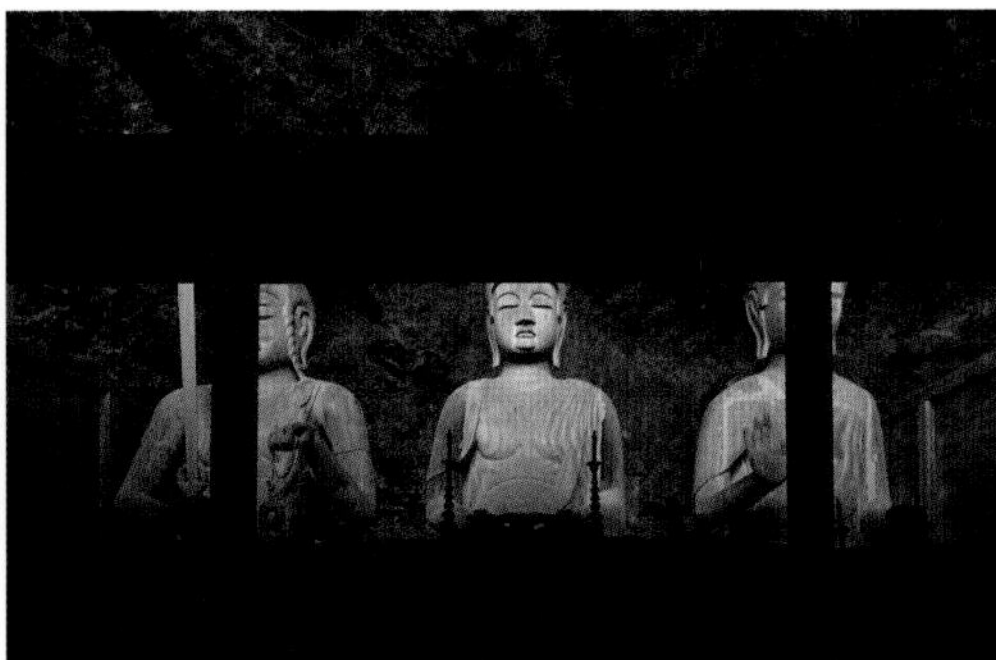

左:岩屋堂内部。格子越しに三尊仏像を拝むことができる。 右:内陣には向かって右から薬師如来坐像、阿弥陀如来坐像、不動明王坐像が並ぶ。

蔀戸を開放したところ。現在の縁側は広くないが地面には柱を支えた2つの礎石跡が残る。
かつては京都の清水寺のような舞台造であったことをうかがわせる。

構造学者の眼から見た木造遺産――龍岩寺 岩屋堂

岩穴の中に建つ懸造の礼堂。下から見上げると細長い柱がそびえ立ち、その上に建物を望むことになる。地形上実際に見ることは困難であるが、真正面からこの建物を見ると、下に立つ柱と上部の建物の柱はつながっておらず、位置もずれていることが分かる。さらに、下に並ぶ柱も前後では等間隔で並んでいるわけではない。また、柱以外には清水寺の舞台のように水平な貫も見あたらないし、三佛寺投入堂のように斜めの筋かいもない。あまりに、あっさりした床下空間がある。この建物は、柱で支持されているのではなく、岩と岩の間に橋のように架け渡されている太い梁によって、支えられているからである。水平線が強調されて見えるのは、これが主構造だからである。

こう考えると、柱は梁を助けるつっかえ棒であり、長さの異なる梁を等間隔に支えると、正面からは不規則に見える。しかも地震力などの水平力は、梁から直接岩に伝達され抵抗することができるため筋かいは不要である。

礼堂の前に斜めに架けられている参道の「きざはし」も両端の岩に単純に支えられているだけである。きざはしは、風化してもはや凹凸がはっきりしないが、丸太に段を直接刻み込んだささら子架構の単純な階段だったと推測される。

太い材による単純な架構を、原始的とみるか単純明快とみるか。単純明快な仕組みは洗練されると美しくなっていく。

大地と直接つながる懸造は、平地に建つ建築とは一味違う構造になっている。
（腰原幹雄）

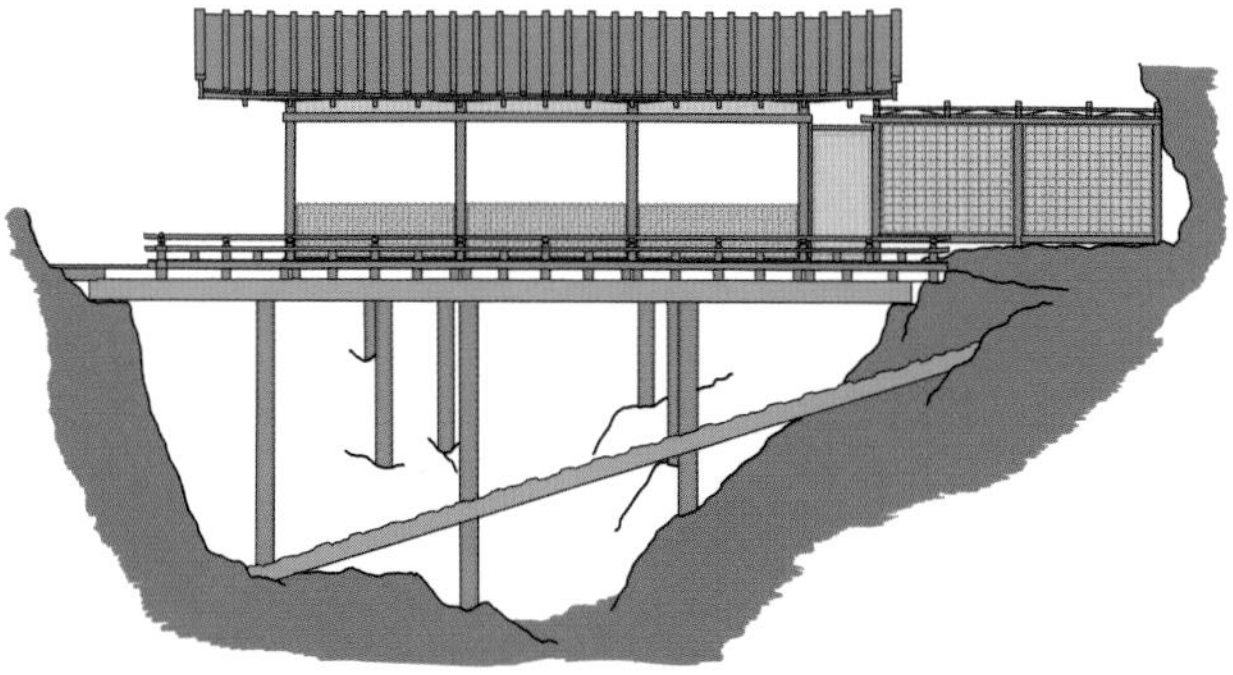

正面立面図

現存する日本最古の住まいの形

箱木千年家

高い屋根、低い軒、土壁に小窓……

箱木千年家
兵庫県神戸市北区山田町衝原字道南1-4　公開時間 / 9時～17時（11月～3月は～16時）　公開料金 / 大人300円、小中学生150円
お問い合わ / ☎078（581）1740

東の扉から中に入ったところ。正面右が「だいどこ」と「なんど」、左が「おもて」。手前の左には「うまや」がある。

信長の下で、秀吉がこの地方を治めていた時には、すでに伝説の住宅であった。千年前から、摂津の山中の箱木近く、衝原《つくはら》の地に建ち続けると伝えられ、その名も〈箱木千年家〉だが、秀吉より千年前は飛鳥時代だから無理としても、日本最古の住宅であることは、訪れたらすぐ分かる。

まず軒が低い。額を打つから、頭を下げて潜るようにして、軒下に入らなければならない。農家でも町家でも、軒の低さは古さの証とはいえ、背丈より低いのは、ただごとではない。

全景を正面から見ると、左半分は、縁側と柱と障子の普通の木造だが、右半分、さらに東半分、そして裏側まで回ると、専門家でも目を疑う。これが日本の民家なのか。地面から土壁が立ち上がり、柱はどこにも見えないし、開口部は泥の壁に穴が開くだけ。土壁に茅葺き屋根では、アフリカの先住民の住いと同じだろう。

低すぎる軒と、柱のない土壁に戸惑いながら、土壁に口を開ける入口から中に入ると、暗い。湿りを帯びて広がる土間に立ち、目を暗さに慣らしてからあたりを見回すと、縦に柱が立ち、水平に梁がかかり、その上に小屋組が載るのは普通の民家と変わらないが、一つだけ違い、すべての材が細く、とりわけ中心の柱の細さからは、千年の古さがにじみ出ている。すべての材が丸太か、角材にしてもチョーナ斫《はつ》りなのも古さの証。

暗さと細さの次は、小屋組に注目してほしい。水平に走る梁の上に展開する小屋組は、日本の木造建築の勘所の一つであり、民家は扠首《さす》小屋組を取る、といっても分かりにくいから、写真（169ページ参照）を借りて説明しよう。

柱の上を水平に走る梁の上を見ると、丸竹の棰木《たるき》の群れの中、5本に1本くらいの割合で、竹よりも太い丸太が混ざっているのが分かるだろう。これを〝登り梁〟といい、左右からの登り梁が頂部で交叉し、その交点に棟木が載る。左右からの登り梁が頂部で合わさる様から扠首といい、また両手を合わせた姿に似ることから〝合掌小屋組〟ともいう。

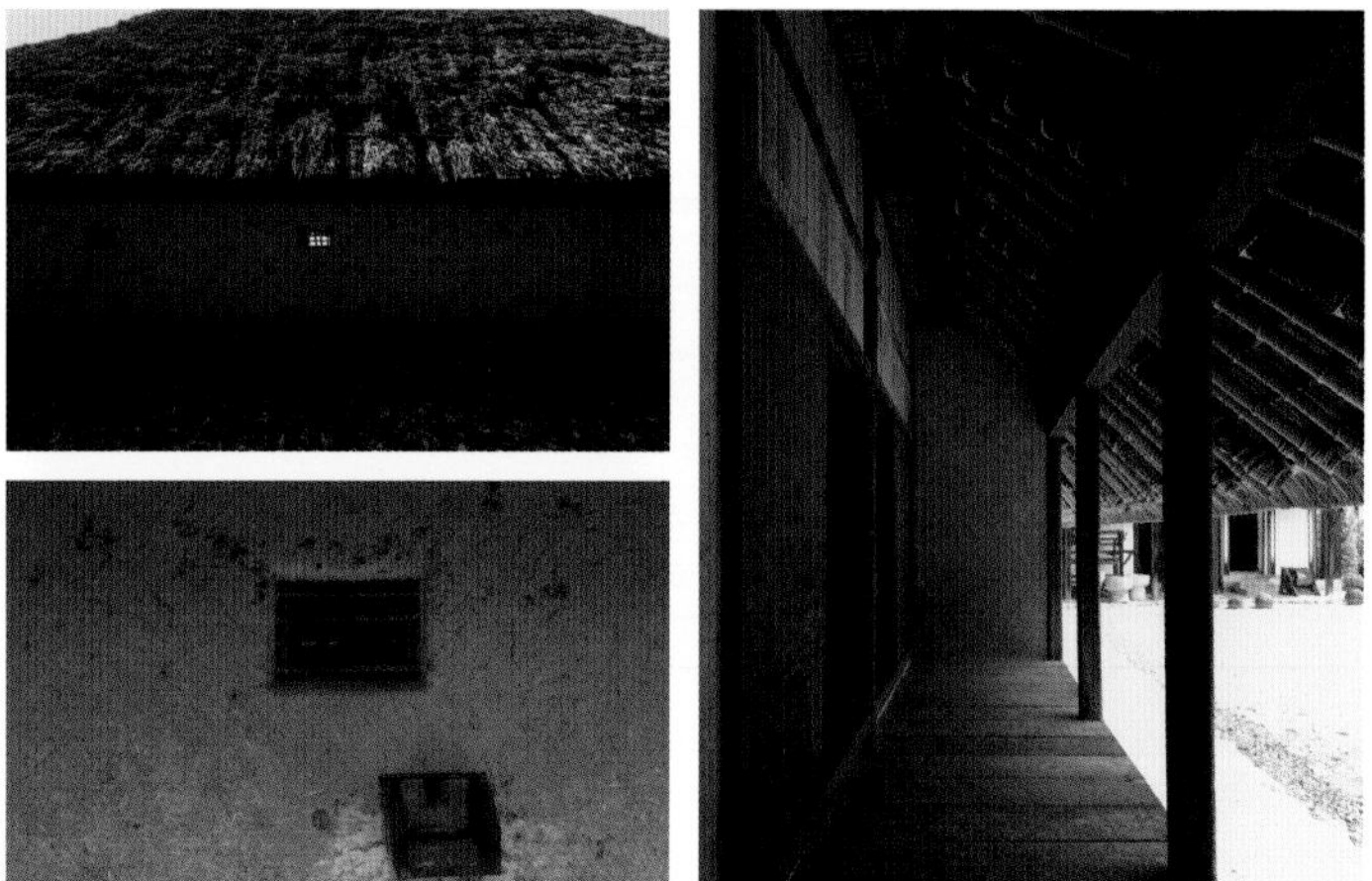

左上：北側の外観。壁の仕上げは柱を塗り込めた大壁。開口部は下地の木舞《こまい》がそのまま格子に。
左下：東入口の右手。内側は「だいどこ」で、上の開口部は明かり取り。下は流しの排水のためのもの。
右：「おもて」の縁側。深い軒を支える柱は広めに面取りした角柱。

入母屋造の茅葺き屋根。茅葺きの厚さは40センチを超える。2019年開催の世界茅葺き会議では世界7か国の職人が見学に。ワイドレンズのせいで屋根が広がって見えるが、正しい勾配はP169の図の通り。

左：壁に開口部がなく、最も暗い「なんど」。入口は極めて低く、まさに寝床。床板はここが最も古い。　中：床を支える床組。束石と床束、大引きや足固めが見える。柱や床板には粗く、手斧《ちょうな》の蛤刃の跡が残る。　右：「おもて」内部。床に囲炉裏が切られ、板壁の長押《なげし》の上は割り竹張り。天井は煙が抜けるように、葭簾《よしすだれ》。

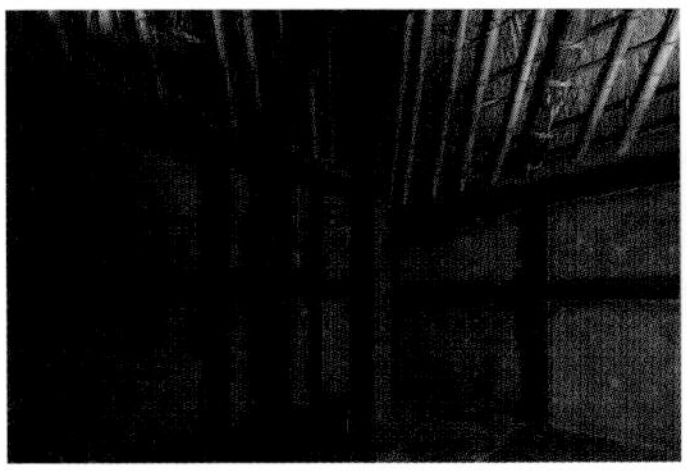

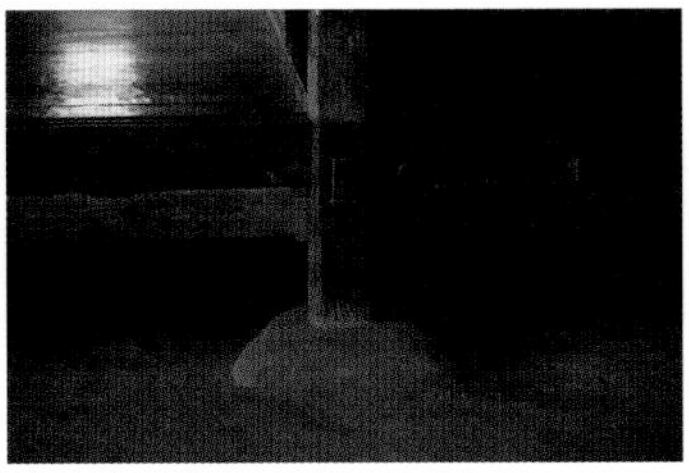

茅葺き民家を特徴づける扠首小屋組の元をたどると、縄文時代の竪穴住居に、さらにさかのぼるとアイヌのチセ（住居）に行き着く。日本にはないが、寒冷な北欧の実例によって、もっとたどると、棒を円形に立てて並べて、頂部をしばった円錐状に到る。

石器時代、寒冷な地域を移動して暮らす人類を、寒さと風雨から護ってくれたのが扠首の作り。その扠首を特徴づける閉鎖性と暗さは定住の時代である縄文時代の竪穴住居に伝わり、その後の文明化の中でも喪《うしな》われることなく続き、中世の衝原の地に流れ込み、それをこの度、建築空間の暗がりを深く撮ることに長けた藤塚光政が、誌面に定着してくれた。最暗黒建築写真。

土壁と柱の距離に注目してほしい。普通なら1間（約1・8メートル）は離すのに半間そこそこと極めて近い。なぜか。解体移設にあたって壁の下を発掘してみると、今のように柱は付いておらず、細い木や枝を縦横に組んで木舞《こまい》を搔き（組み）、その両側から泥をペタペタと塗って壁としていた。軒を柱でなく、柱なしのただの土壁が支えていた。

一番外側の壁に柱がないなんて作りは、専門家の知識をかき乱すが、次のように考えると、乱れも落ち着く。

縄文時代の竪穴住居の地に伏した屋根が、その後の文明化の中で地上から離れて立ち上がり始めた時、地面と軒の間に生じた隙間を塞ぐため、小枝を立てて泥を塗る土壁が作られ、その後、次第に軒は上がって、普通の茅葺き民家に到った。

千年家のあまりの軒の低さも、柱なしの土壁の外観も、日本の民家の原型である竪穴住居の立ち上がりの記憶を留めているとするなら、箱木の万年家と言いたくなる。

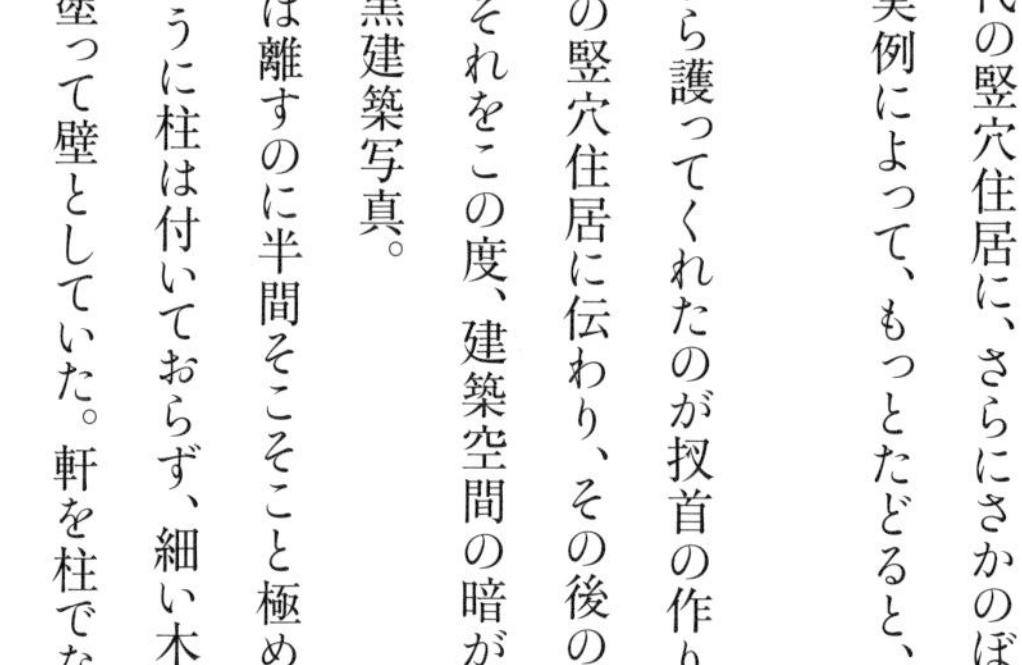

囲炉裏横の床には手斧跡が今も残る。

上屋下屋構造が見て取れる。軸組中央を上屋、両脇を下屋という。

構造学者の眼から見た木造遺産——箱木千年家

旧石器時代、縄文時代からつくられていた竪穴式住居は、地面に穴を掘り、そこに屋根を架けていた。穴の中には、中央に屋根を支える掘立柱が数本設置され、穴の周りの地面が直接壁となり、柱とあわせて屋根を支えることになる。外からは、地面の上に屋根が、直接置かれているように見える。

箱木家住宅でも、外周の屋根の軒先は、現代の木造住宅よりもかなり低い高さになっている。内部、おもて側の壁（図中左側）は、通常の農家型民家と同じように、柱の間に土壁が塗られていたり板壁であったりするが、だいどこ側の壁（図中右側）は柱の太さより厚く、外側から見るとまるで地面から連続して立ち上がっているように土壁ができている。しかし、この分厚い壁は、屋根を支えている訳ではなく、内側には壁の中に半分埋め込まれた柱が設置され、これが梁、屋根を支えている。内部の柱の間に土壁を塗る真壁《しんかべ》に対して、柱を覆って塗りこめる土壁は大壁あるいは土蔵造などと呼ばれる。屋根を支える構造材としては必要のなくなった土壁には、内部と外部を分ける役目が残される。開放的な建具と対照的に厚い土壁は、内外を閉鎖的に遮断して内部を守るようになり、城郭では敵の攻撃から守る機能、土蔵では火災から内部の大切なものを守る防火機能、室内では湿度を調節する調湿機能を期待して、設置されるようになる。

木材の主構造と紙による建具、土による壁といった自然材料の特性を活かしながら、開放的な空間にも閉鎖的な空間にも対応してきたのが伝統木造建築である。
（腰原幹雄）

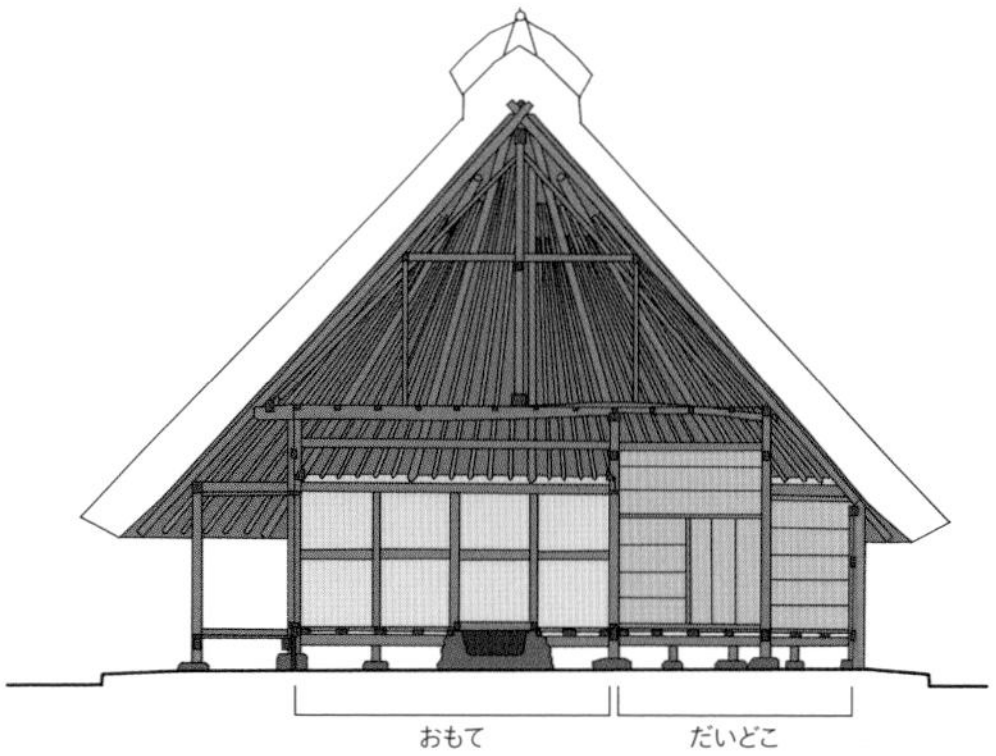

断面図

江戸時代の耐火建築

大沢家住宅

蔵造りの街並み「川越」の先駆け

大沢家住宅

大沢家住宅は現在も民芸品店「小松屋」を営業。埼玉県川越市元町1-15-2
営業時間 / 10時30分～17時 月曜定休 見学無料。現在は1階のみ見学可、2階は非公開。　お問い合わせ / ☎049(222)7640

正面の外観。川越の表通りに西面して建つ。桁行は14.9㍍、梁間は10.9㍍。総2階建ての蔵造り町屋。屋根は切妻造に桟瓦を葺く。2階前面にあるのは、漆喰で塗り固められた土格子。川越では唯一のもの。

木は石や煉瓦に比べ軽いわりに強いが、しかし石や煉瓦と違いよく燃えるという弱点を持つ。この宿命を生き抜いてきたのが日本の木造建築にほかならず、今回は、どう工夫して生き抜いてきたかについて述べたい。

神社と寺院と農家は、広い敷地と田畑に守られ、戦乱でもなければ大丈夫だから、防火策を講ずる必要はなかったが、お城と町屋はそうはいかない。城は火矢を射かけられるし、町屋は冬に火の手が上がると、一夜のうちに町中焼失する。

欧米でも、町の建物が木造だった歴史は長く、例えば、ロンドンもシカゴも1666年と1871年の大火の後、木造は消え、石と煉瓦で再建されている。

日本がなぜそうならなかったかは、よく分からないが、木造資源が豊かであり過ぎたことも、理由の一つにちがいない。

欧米が木を石と煉瓦に替えたのに対し、日本はどうしたか。

木造のまま、燃えやすい箇所の改良を順に進めるという緩い方策を進め、まず飛び火が着火する板葺きを瓦葺きに替え、次になしたのは、柱と柱の中間に土壁を作る伝統に加えて、柱はむろん梁や屋根といった木造の外(外気側)全体に厚く土を塗る。

〝木にドロを塗る〟という世界で日本にしかない防火策によって生まれたのが、城であれば土壁の表面を白漆喰で押さえる姫路城であり、町屋であれば今回紹介する蔵造。

木の外側の表面に泥を塗る方策は、泥(土)の厚さで区分され、柱の外側に5寸以下の場合を「塗屋」、5寸以上を「蔵造」と呼ぶ。

木造の格子に5寸も土は塗れないから、京都や各地の歴史的町屋でしばしば見かける2階が漆喰仕上げの縦格子になっているのは塗屋で、2階が格子戸ではなく、分厚い観音開きの縦長小窓になっているのが蔵造。1階は店舗だから、格子も観音開きも付かずオープンなままで、夜は普通の板戸を立

1階店舗。前面が土間で半間内側に上がり框。奥は31畳の畳敷き。背面及び両側の三方が半間の板敷きの1室である。正面通りの柱の太さは、8.5寸(約26㌢)角の欅。白漆喰仕上げの壁には約75㌢間隔で貫が渡り、化粧で見せている。

てるが、1階の間口から火が入ることはほとんどないから大丈夫。ただし1階も軒だけ土で包むのは、隣家からの火が軒伝いに延びてくるのを防ぐため。

まず土蔵、次に城で成立した塗屋がいつ町屋にまで広まったのかはっきりしないが、幕末には江戸の中心部に黒漆喰塗りの蔵造が軒を連ねていたことが分かっている。しかし、それらは1棟も今に伝わらず、現在、蔵造の街並みを見ようと思ったら、埼玉県の川越を訪れるしかない。

川越を歩けば、普通の木造町屋をはじめ、塗屋と蔵造の三つを見ることができるが、しかし、蔵造は江戸期のものではなく、明治26（1893）年の川越大火の後、東京から伝わっている。

上：南東の壁。横から見ると木枠内の壁の中央が微かに盛り上がっているのが分かる。これも耐震対策で1階より2階のほうが弧が強い。壁厚は30㌢もある。　中：南側の土扉を開けたところ。中桟と筋違いを入れた木枠を組み、厚く壁を塗ってある。
下：2階へ上る南東の箱階段。

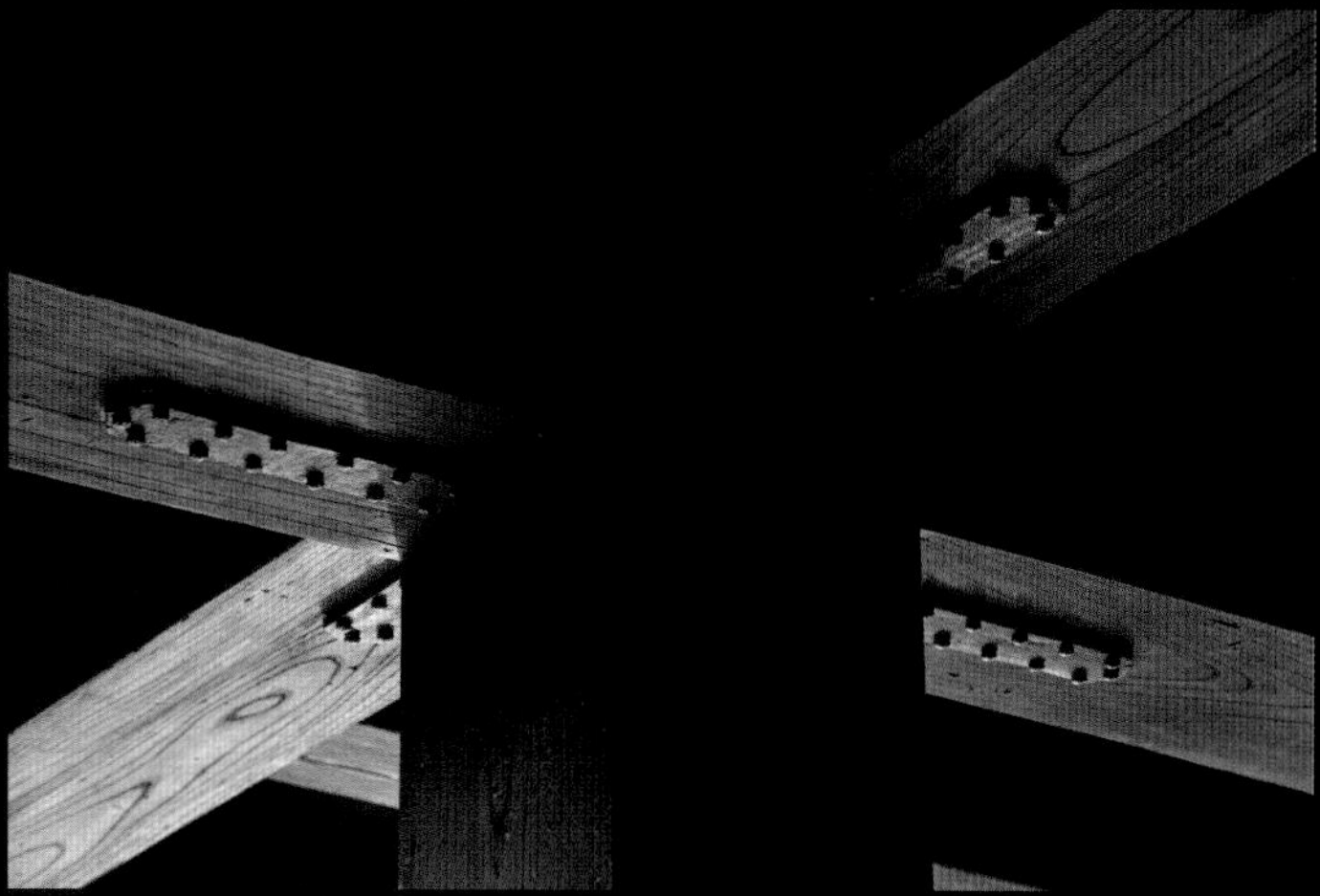

左：背面にある観音開きの土扉。召し合わせ部分は気密性と防火性を高める仕上げに。　右：大黒柱は9.2寸（約28㌢）角の欅。同じく欅の2階梁と四方差しになっている。

川越は江戸と水運で結ばれ、歴史的にも江戸との縁が深く、明治14年から20年にかけて明治新政府が本気で取り組んだ日本橋など伝統的中心市街の蔵造化に倣っている。

今回取り上げるのは、普通、塗屋、蔵造の三つの町屋形式のどれでもなく、塗屋から蔵造への進化の途上というか、蔵造というゴールに指先がかかったその瞬間の姿を今に伝える〈大沢家〉。

浮き沈みの多い町屋にもかかわらずこの建物の来歴ははっきりしていて、今から232年前の寛政4(1792)年、近江屋半右衛門が呉服太物の店として建て、そのあと、お定まりの転変を重ねた後、大正8(1919)年、大沢家が引き継いで照降商を営み、今に至る。

まず外観から。外観を見ただけで素人にも時代判定は可能で、2階の階高が低いのは古く、高いのは新しい。大名行列を上から見下ろすことのないよう低くしたとも伝えられるし、店として使わないから低くしても十分だったとも考えられ、大沢家の場合、1階は約2・9メートル、2階は約2・3メートルだから、古いと判定できる。

次に表面の作りを見ると、1階の軒をはじめすべて木部は隠れ、漆喰で塗り固められているから塗屋か蔵造かのどちらかとなるが、ここで「ゴールに指先がかかったその瞬間」が現出する。ポイントは2階の窓の作り。蔵造に固有な厚い土塗りの観音開きの縦長小窓ではなく、黄色の漆喰でカバーした縦格子がはまる横長連続窓だから塗屋ともいえるが、軒と壁の土厚は十分蔵造にちがいないし、店の裏側は蔵造の窓になっている。

おそらく、住居として使う2階を明るく使うため、蔵造ならではの縦長小窓を止めたのだろう。

外を眺めた後、大澤淳子さんに案内していただいて中を拝見し、その充実ぶりに武士の目を憚《はばか》る江戸町人の、表の布は木綿にし裏地に絹を使う〝裏絹〟の美意識を想った。太い欅の柱を立て並べ、太い杉の大梁をかけ渡し、富と文化の力を外見ではなく、中身で見せる。明治維新までもう76年。武士の世の終わりの予兆は、川越の商家の作りにも現れている。

土格子は色漆喰塗。

2階正面窓は土格子の内側で3層構造。一番内側が明り障子、次に杉の板戸、一番外側は防火用の裏白戸。

2階の広間。床の間の床柱は銘木として知られる山椒。天井から漆喰が下がる
「吊り漆喰」の鴨居は、先端が尖る細緻な仕上げで職人の腕の見せ所だった。

構造学者の眼から見た木造遺産――大沢家住宅

街道筋など建物が隣接して立ち並ぶ町では、火災が発生すると、隣接する建物に延焼したり、火の粉を介して遠く離れた建物にも延焼したり、大火になることがしばしばあった。燃える材料である木材を使った木造建築を火災から守るためには、当然、特別な工夫が必要である。

燃える木材を同じ自然材料であるが燃えない土で覆って、耐火性能を向上させたのが土蔵である。通常の建物の土壁は厚さ8ｾﾝ程度であるが、土蔵造のこの建物では厚さ30ｾﾝにもなり、外周の柱の太さを大きく上回る。壁の中には縦と横に、これも通常より太い5ｾﾝの丸竹で、小舞が組まれている。土壁は、屋根の下地までつながっていて、建物をすっぽりとくるむように塗りこまれ、その上に瓦が葺かれている。

耐火性能を向上させるためには、土壁の厚さを増やしていけばよいのであるが、土壁は重量のある仕上げ材のため、土壁が厚くなると建物重量が大きくなり、地震に対しては不利に働くことになる。また、柱の外側まで塗られている大壁は、柱による拘束が小さくなってしまうため、地震のときには柱の外側部分の土壁は、三枚おろしのように剝がれ落ちてしまい、耐震要素としては評価しにくくなり、貫が主役となる。土壁の厚みは、耐火性能と耐震性能のバランスのとり方が、重要になるのである。

一方、頂部の大きな棟の装飾は見た目には迫力があるが、耐震性の観点からは、重いものが頂部にあると地震の時に大きく揺れ、被害を受けやすく、実際に地震被害で、棟瓦の被害は非常に多い。こうした点は、変化の方向をやや誤ってしまったのかもしれない。

長い歴史の中で試行錯誤を繰り返して、さまざまに変化してきたのが、伝統木造建築である。（腰原幹雄）

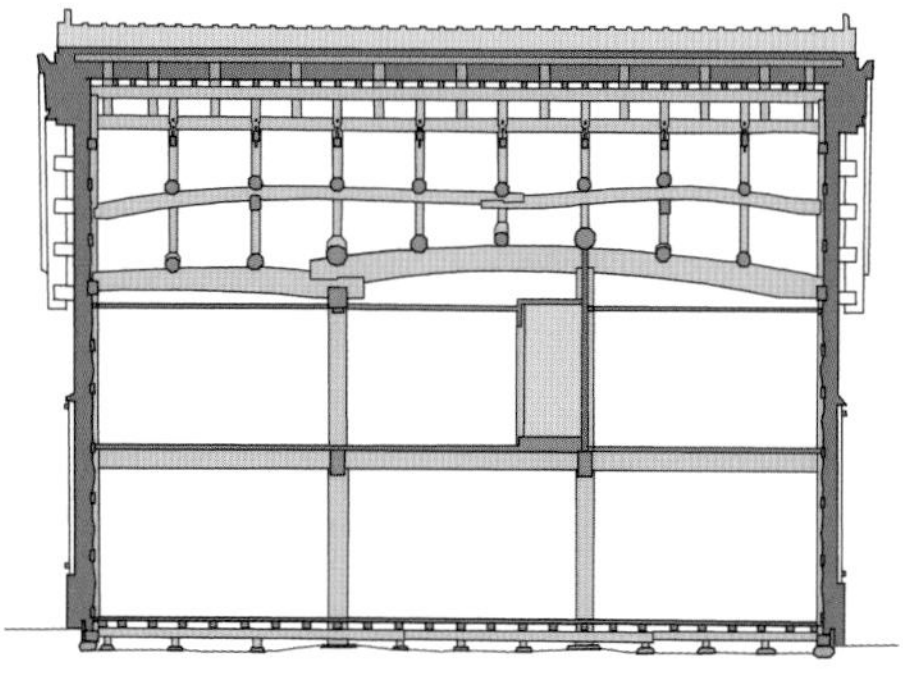

断面図

栂尾山

高山寺 石水院

後鳥羽上皇から明恵上人へ下賜された寝殿造の遺構

高山寺 石水院

京都府京都市右京区梅ケ畑栂尾町8　拝観時間 / 8時30分〜17時　石水院拝観料 / 1000円（*秋期入山料500円）　お問い合わせ / ☎075（861）4204

西正面を西側から見る。かつて春日・住吉明神の拝殿で構造上は孫廂。奥の透かし彫りは唐草本蟇股《ほんかえるまた》。菱格子と共に際立った透かしにより内外の境界があいまいになり、深い軒が生む翳りに差し込む柔らかな光が美しい。

高山寺は鳥獣戯画と茶で名高い。栄西が宋から運んだ茶の種は高山寺で育てられたことから、以後、高山寺の狭い茶畑の茶葉を「本茶」その他を「非茶」と呼び、南北朝時代には貴重な美術品を賭けて本茶を喫《の》み当てるゲーム・闘茶が生まれている。

絵と茶ほどではないが、平安時代から鎌倉時代へと移る頃に作られた建築〈石水院〉も由緒は深い。生まれたばかりの鎌倉幕府を倒そうと挙兵（承久の乱、1221年）して敗れ、隠岐に流されて没した後鳥羽上皇と深くつながる。元久3（1206年）、上皇は、かの明恵上人に学問寺として高山寺を再興させるに当たり、自分の加茂別院の学問所（書庫と学習室）を移したのが今の石水院と伝える。学問所ではあるが住宅の一角をなし、その結果、平安時代の貴族住宅の様式としての寝殿造の姿を今に伝えることとなった。

寝殿造の名は『源氏物語』の舞台として広く知られていようが、実物は絶滅状態で、江戸時代の末に復原された京都御所があるばかり。江戸時代の御所の遺構は京都の寺に移されているが、瓦葺の屋根では寝殿造の魅力は伝わらない。寝殿造の美は絶対に檜皮《ひわだ》葺か柿《こけら》葺でなければならない。たおやかな女性の肌のような植物性の葺材に比べると、瓦葺は男のガサガサした……。

寝殿造絶滅の中で石水院が例外的に生き延びたのは、政治や社会の動きと無縁な学問寺であったことと、石と水しかないような深い山中に位置したおかげだろう。

いったいどこが寝殿造らしいのか、順に見てみよう。まず屋根。既に述べたように柿板で葺かれている。途中に小さな段差がついて勾配がゆるく変われば本格派だが、残念ながらそうはなっていない。

次は軒の下方の空間というか、屋根を支える柱のあたり。現在は正面となっている南側も谷ごしに山を望む東側にも独立柱が並び、いずれの柱列にも壁がないことに気づかれよう。角から眺めて、両側に柱だけあって壁がない住宅は歴史的には、日本にしかなかった。壁なしで風雨や寒さにはどう対応したかというと、柱と柱の間に注目してほしい。南側には上にハネ上げた板と、下にはさまる板状の部材

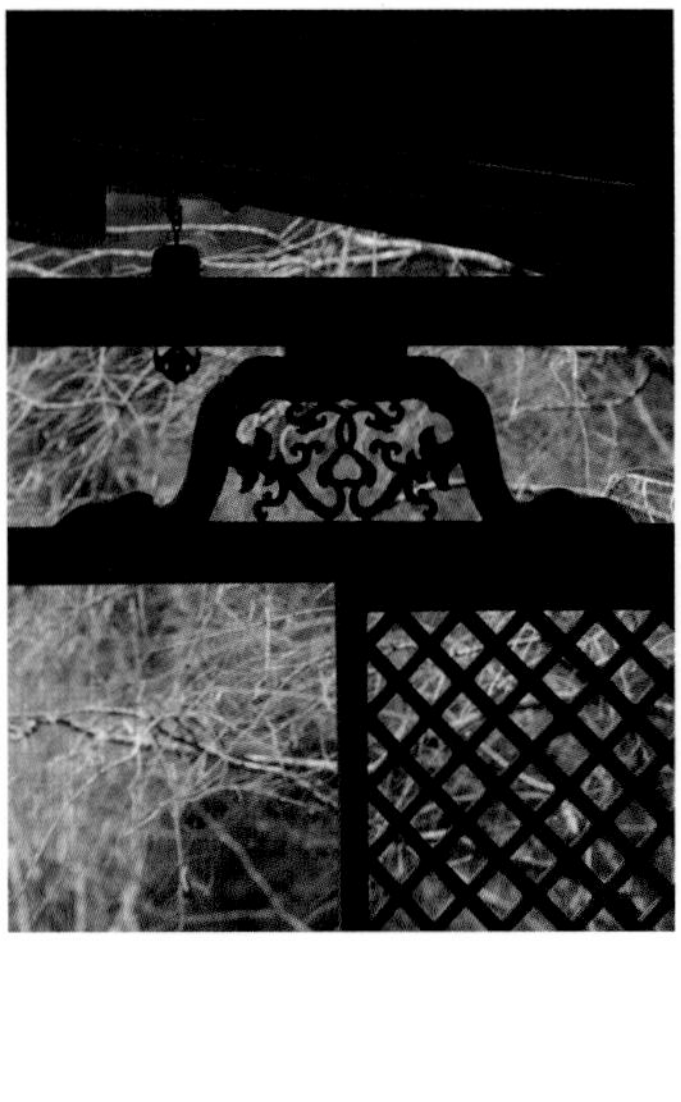

左：この本蟇股は水藻形と呼ばれ一つは鎌倉時代中期のもの。 中上：外観を西正面から見る。妻入の一重入母屋造、向拝《こうはい》付き。 中下：南面縁側の眺め。すぐ谷となって清滝川を挟んで向山が間近に迫る。静寂の中に松風と川のせせらぎが聞こえる。 右下：正面から庭を見る。石畳の道は勅使門へ続く。

拝殿中央には善財童子の木像、欄間には富岡鉄斎筆の横額がかかる。板扉を開き、障子戸を開け放つと、途中に視界を遮る壁はなく、東の庭まで見通せる。

2本の柱は向拝柱。1間の向拝の軒は縋破風《すがるはふ》で鎌倉期の特徴の一つ。

の二つが認められよう。蔀戸《しとみど》といい、上のはハネ上げて軒下の金物で吊り、下のは取りはずす。格子に薄い板をはさんだ作りだから、閉めると風雨は防げるが、中はまっ暗。風雨の強い時や冬の日は、少しだけ上げて光を入れ、薄暗い中で暮らした。

外側の独立柱列の内側にも柱列があり、両者の間の空間を廂《ひさし》という。軒と廂は混同しやすいが、蔀戸の内側の室内空間を廂、外側の軒の下は室外となる。

寝殿造の平面は、中央に母屋《もや》（身舎）と呼ばれる横長の空間が柱列に囲まれてあり、その四周に廂が蔀戸付きの柱列に囲まれてある。ここまでは木造の柱と梁の構造なら世界のどこでもありそうだが、日本ならではの特徴はこの先で、列をなして立ち並ぶ柱と柱の間に確たる壁はなく、廂の柱に蔀戸が取り付いて風雨を防ぐだけ。スッポンポンの吹きさらしの空間に几帳《きちょう》と呼ばれる布を垂らしたり衝立を立てたりして過ごした。娘のところに光源氏が思い付いて訪れると、急に二人の夜の営みの場を隠さなければならず、暗い中で几帳や衝立を持ち出し、板の床に褥《しとね》（衣類）を敷いたり、母と娘はおおわらわ。家の中はキャンプ状態。

室内に障子や襖が使われて部屋が発生するのは室町時代を、蔀戸に代わって引き違いの雨戸が外回りを固めるのは、安土桃山時代を待たねばならない。

廂の外にもう1列柱を立てて生まれる空間を孫廂といい、石水院の西面の童子像の置かれた場がこれに当たる。上には天井のないムキ出しの屋根下地、下には黒光りする板敷、この上下にはさまれた扁平な室内空間は、柱の間をすり抜けて外へと流れ出し、外からは光がすべり込む。

水平方向への開放性を特徴とする日本の住宅空間は、寝殿造によって確立され、以後、変わることなく生き続ける。その原点を味わうには、高山寺を訪れるしかない。

左：主室の両流れの船底天井。板は上皇の別院当時の屋根板の再利用。既に200年近く風雪にさらされた高野槙を手斧《ちょうな》掛けした梁で留めている。
中：西面奥の扉板。歳月を経た杢目はまるで天然の浮造《うづくり》仕立て。　右：1206年、明恵上人が後鳥羽上皇から賜った勅額「日出先照高山之寺《ひいでてまずこうざんのてら》」。

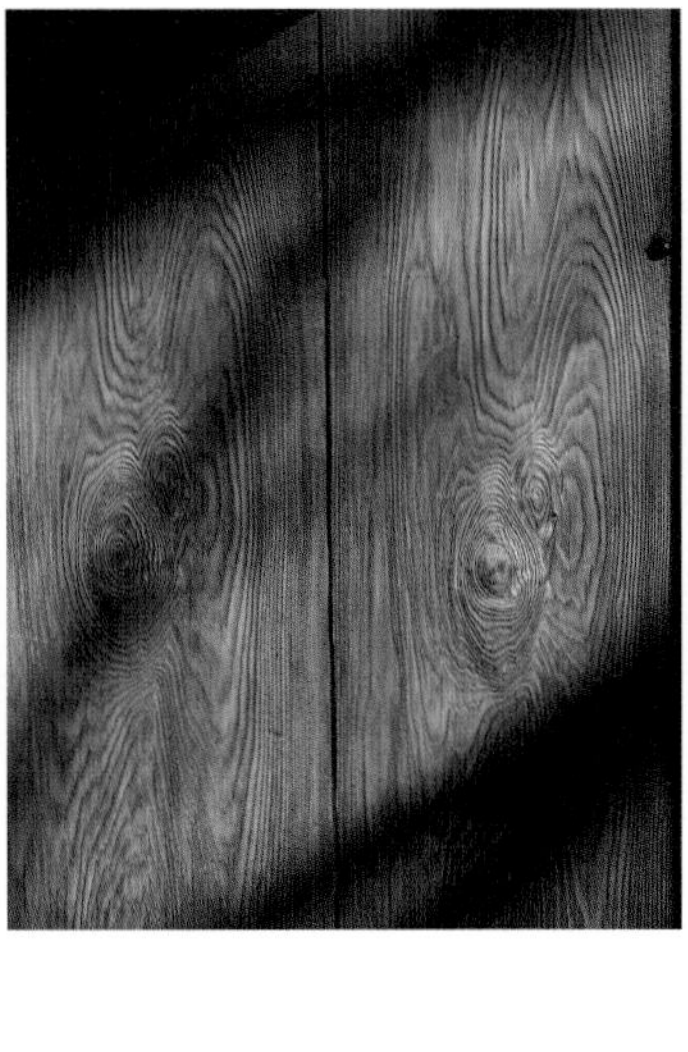

撮影記

僕は古今東西の建築を問わず、建築に対して恋愛に近い感情を持つことがある。撮影しないうちは、ふと気がつくと、行きたいな、会いたいなと、その建築のことばかり考えている。

高山寺・石水院は、そんな僕の典型的な恋愛対象だった。土門拳の作品集で見た写真にひと目惚れし、恋が始まった。

今まで何度も書いているが、僕は仏像が気持ち悪くて好きじゃない。仏像が悪いわけではなく、そもそも人物の彫像が嫌いなのだ。特に仏像は多くの人々にすがりつかれ、祈られた思いがまとわりついているようで、うっとうしい。しかし、石水院の童子像は可愛らしく、しかも、まとわりついたものも感じられない。

もう一つ、好ましいのは、蟇股（かえるまた）の不思議なデザインである。寺院の蟇股によくある和風な意匠とは異なり、どこか童話の世界に通じるような趣で楽しい。

他の資料写真は、紅葉の頃に撮影したものが多かった。紅葉や黄葉した銀杏などは女性に人気があるが、僕は建築を楽しむのには邪魔くさいと思っている。風情のない、情緒がわからんやつだといわれてもいい。ただ、建築を理解し、建築に迫るためには邪魔なのだ。だから、冬枯れの頃に撮影しようと決めていた。

12月の高山寺は寒い。しかも、早朝である。生き物の生臭さが失せて、地球の原初に近い時の流れが感じられ、しかも、有象無象が来ないから、撮影にはふさわしい。

さっそく、童子像のある空間に向けて、カメラを構えた。庭とのつながりや関係性が感じられ、悪くはないのだが、なんとなくシャッターを押すには違和感があった。

そのとき、藤森博士が「おっ、そこの板が下ろせるようになっているな」と言った。確かに、童子像が置かれた板の間と庭との間を仕切っている腰板のような部分がはずせるようになっている。下ろしてみようと皆で1枚1枚はずすと、空気が目に見えるように流れ出し、庭と堂内がつながった！ すると、童子像の面に赤みが差し、すかさずシャッターを押したのだった。博士の一言に助けられたよ。

あとは流れるように、蟇股を撮り、室内の撮影に入った。

写真家の中には、一度撮った建築が気に入り、季節を変えて何度も撮影する人もいる。僕の場合、充足した撮影を終えて恋愛が成就すると、憑き物が落ちたようになるため、あれ以来、足を運んでいないが、高山寺といえば鳥獣戯画しか知らない人には、ぜひ一度、石水院を訪ねることをおすすめしたい。（藤塚光政）

構造学者の眼から見た木造遺産——高山寺 石水院

建物の中央に配置される母屋から四周に広がる寝殿造の空間を支える構造は、空間構成と同様に、中央部から四周に延長しながら構築される。内部空間（母屋）、半外部（廂、孫廂）、外部（軒下、縁）、庭と連続する空間は、内部から開放的な外部に向かって、壁から建具、列柱、軒（無柱）と、構造要素の密度も減少していく。

中心となる母屋は、太い曲がり梁で支えることになるが、一材で架け渡すには長さに限界がある。架け渡す長さが長くなれば当然、何本かの木材を継いでいくことになる。梁が柱と柱で支持される場合には大きな問題がないが、軒下のように柱のない大きな外部空間をつくるには、工夫が必要である。

もともと深い軒がつくられる伝統木造建築では、柱がなくても桔木《はねぎ》を用いて軒を出していくことが可能であった。しかし、孫廂を含めて軒を大きく跳ね出すことは困難である。この建物では、さらにその先に向拝までつながる。通常、向拝の構造は母屋に付加される形であることが多いが、この建物では向拝までを構造的に一体の建物として考えられている。そこで、連続する大きな空間に対して無理をせずに、先端に柱を立てて対応している。この結果、入母屋造の屋根であるが、東西の軒の出が異なるため小屋組も空間に対応して非対称になっている。

また、柱間装置も、構造要素と同様に土壁、襖、明障子、跳ね上げ・取り外し可能な蔀戸、菱格子、本蟇股と部材の密度が徐々に薄くなっていき、跳ね上げた蔀戸が軒と一体化されると、建物内外の境界があいまいになっていく。

空間構成に応じて、柔軟に対応可能な仕組みを持ち合わせているのが、伝統木造建築の構造技術である。（腰原幹雄）

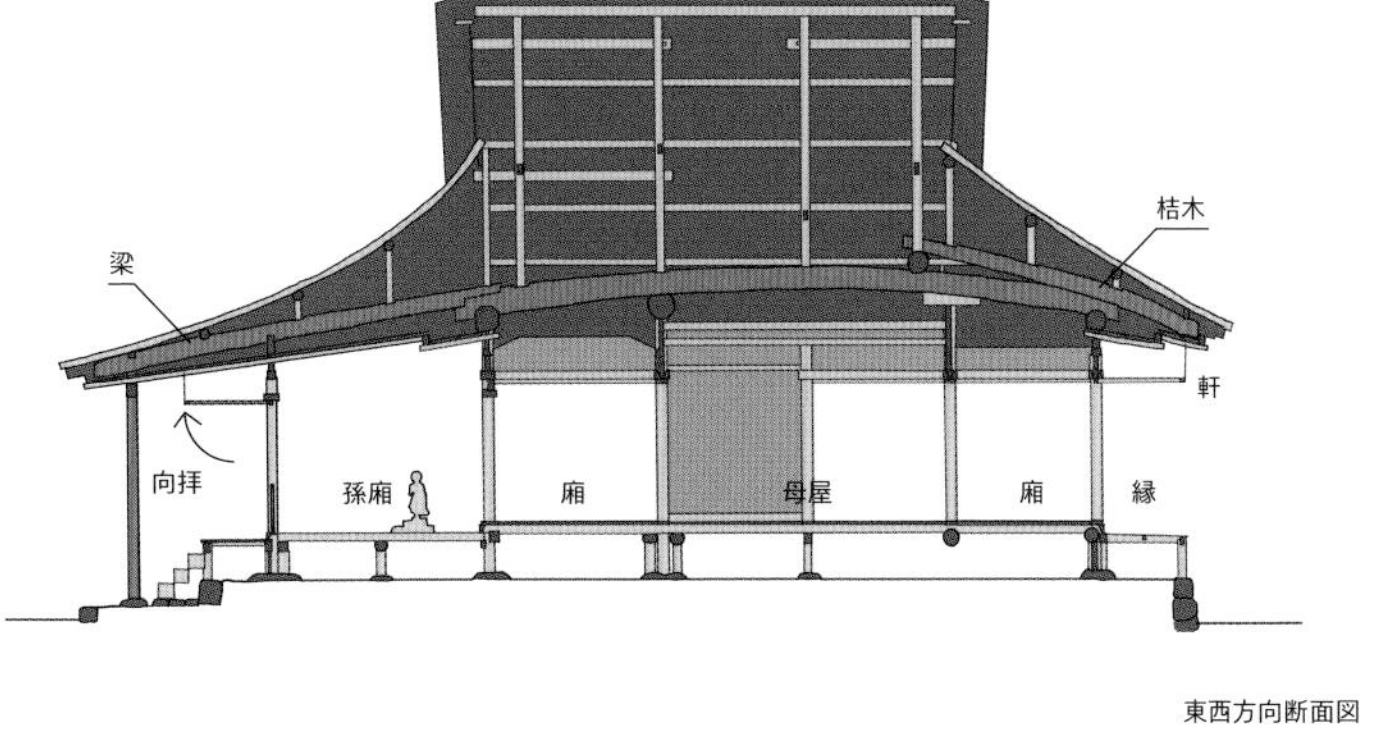

東西方向断面図

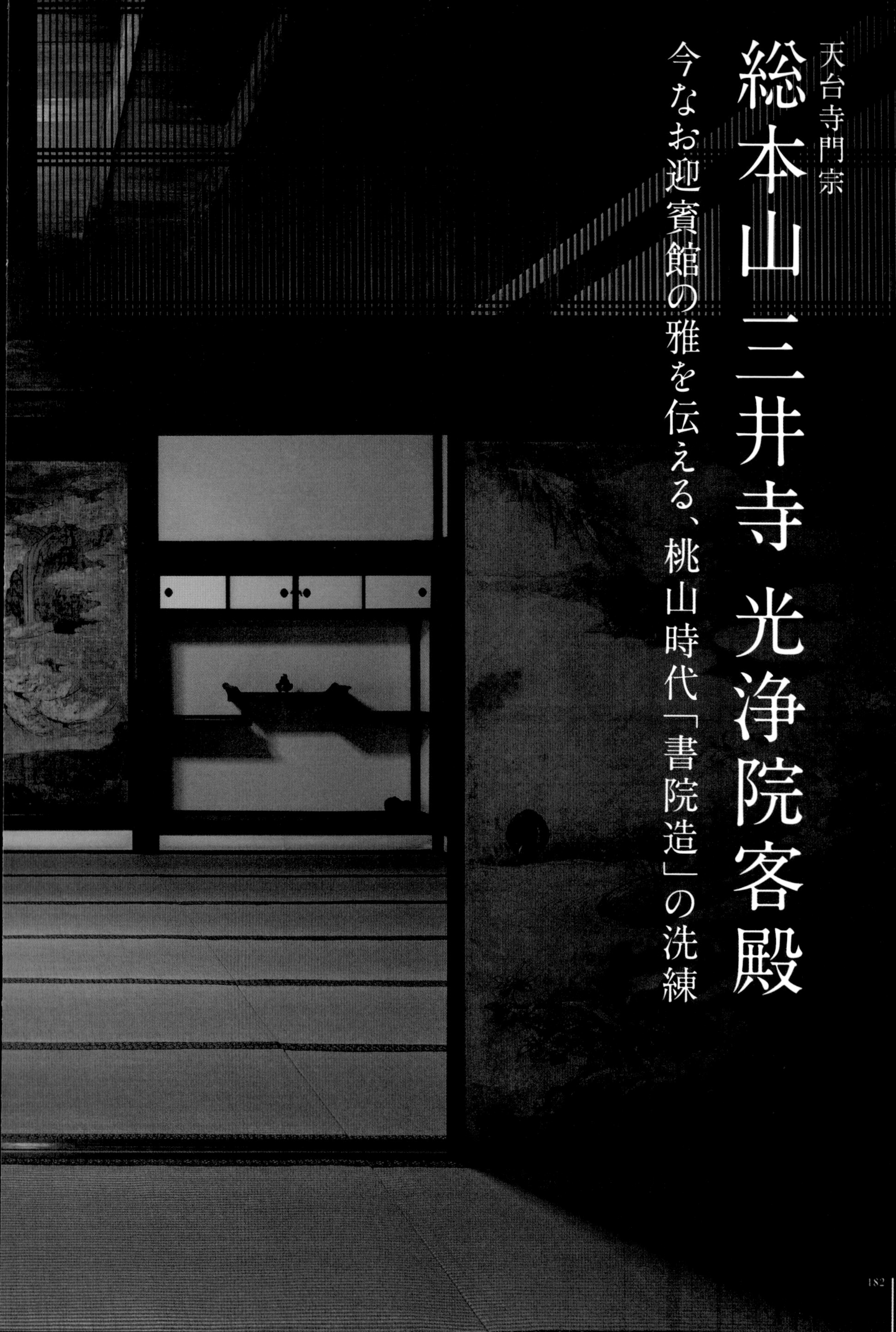

天台寺門宗

総本山 三井寺 光浄院客殿

今なお迎賓館の雅を伝える、桃山時代「書院造」の洗練

2列に並ぶ18畳の二之間から一之間を見る。各部屋を仕切るのは彩色された襖。上部には細い材を緻密に並べた「筬《おさ》欄《らん》間《ま》」。正面は2間の大床に「松に滝」の貼付絵。桃山後期の絵師・狩野山楽が描いたとされる。右側には押し板、違い棚、帳台構があり、書院造の典型的な「座敷飾り」が整っている。天井は竿縁天井で、竿縁材が正面の押し板に向かい走り「床刺し」となっている。近世以降にはない作り。

総本山 三井寺 光浄院客殿
滋賀県大津市園城寺町246　拝観時間 / 8時～17時　入山料 / 600円
事前申し込みにより特別拝観可能。　お問い合わせ / ☎077（522）2238

琵琶湖の西岸、比叡山の麓に位置する三井寺を訪れた人でも、奥に建つ光浄院客殿は知らないかもしれない。しかし建築界では夙《つと》に名高く、戦後すぐ日米文化交流を再生すべくニューヨーク近代美術館で催した〝日本展〟に送られた日本建築の代表は、この実物大の一部再現だった。日本の伝統建築に詳しいロックフェラーと木造建築の名手として知られる吉村順三が白羽の矢を立てた理由は、次の二つ。

歴史的には、書院造の初期の様子を最もよく今に伝える。空間的には、軒と縁により内外が一体化する日本建築の特性がここに結晶化している。二点とも中に入らないと分からないが、今回久しぶりに訪れてまず目を見張ったのは外観だった。かつて見た時、ヘンな外観としか思えなかった。大きくカーブする千鳥破風はまだしも、その下に突き出す唐破風の唐突さはなんなんだ。大小二つの破風の強すぎる存在感も、下の平坦すぎる壁面との取り合いもアンバランス。

今回、修理を終えて入口扉の金物が金色に輝いていたのと、園城寺執事の小林さんに蔀戸《しとみど》を上げてもらったおかげで、平坦すぎる壁面の表現力が向上して強い破風とのバランスがやっと取れ、目を見張ったのだった。美的には理解できたが、外観には機能上の謎が残る。入口に注目すると、唐破風の下とその左手に二カ所もあり、とりわけ左手のは建物からは飛び出すような位置にあり、ここから入ったら庭だろうに。庭の手入れ用の出入口が縁の上というのも、金色に縁取られた高貴な妻戸になっているのも理解不能。答えを明かせば、ここから入っても何もない、というか入ると小さな広縁が張り出しているだけで用途はない。用途はないが名はあり、中門といい、書院造に先行する寝殿造の出入口の中門廊の名残。唐破風の下の妻戸を開けて、中に入る。ちなみに唐破風は書院造に固有だが、妻戸は寝殿造の名残。中に入ると、畳が敷かれ、襖と障子で仕切られ、天井が張られ、正面には床の間。日本の住宅としてはあまりに当り前すぎる作りだが、こうした作りは寝殿造にはなく、書院造で初めて生まれ、今日にいたる。ということは、日本の住宅の原型はここにある。

畳から床の間までに加えるべき原型的作りも指摘しておこう。二部屋が連なる続き間も書院造の

一之間から見た「上段の間」。

一之間の北側には帳台構の襖絵。南側は舞良戸《まいらど》の引き違いと室内側に明障子一本引きの組み合わせ。

「上段の間」は南だけでなく東向きにも腰高障子があり、2面を開けると庭園との一体感が見事。
庭は室町後期の作とされ、名勝史跡に指定されている。

庭園を抱き込む外部空間は、深い軒にも拘らず、方柱が1本しかない。

東側から広縁を見る。奥の障子が開いているところが「上段の間」。

特徴だし、部屋の広さが三間《げん》四方となっており、これを九間《ここのま》と呼び、書院造によって定型化している。

このように大事な書院造だが、その誕生期間は、鎌倉時代から安土桃山時代にかけての400年間に及び、どの作りがいつ生まれ、いつ統合して書院造となったかは、はっきりしていない。初期書院造の代表例の光浄院客殿も、作られたのは関ヶ原の戦いの翌年なのに、中門や妻戸や蔀戸のように寝殿造の記憶は残るし、室内にあっても書院造の要をなす床の間の板は奥行きの浅い押し板が入るが、これが広がって、初めて書院造の床の間となる。書院造の床の間は、庭側から順に、付書院、床、違い棚、の三者一組を定型とするが、光浄院は貴い来客を迎える客殿として作られたから、大名の書院造と同格となり、付書院が上段の小部屋と化しているし、棚の右手には帳台構《ちょうだいがまえ》が付く。小部屋としての付書院も帳台構も、根はおそらく寝殿造にある。

先に、この建物の世界に向けての魅力として「軒と縁により内外が一体化する」点をあげたが、この視覚効果も寝殿造の名残の中門の広縁なしには「結晶化」は起きなかった。

謎は尽きないが、寝殿造から書院造への進化の核心は、以上に触れた個々の作りではなく、それらを統合する軸の変化にある、とにらんでいる。

人が室内に座す時、身分制の生きる近代以前においては、時に今でも、その位置が大事で、寝殿造においては、最上位は東西に横長平面の母屋の中央にあり、そこから南に向かって庇、孫庇、下げ縁、そして地下《じげ》(地面)へと南下し、北端の母屋中央には天皇が、南端には地下人《じげにん》が座す。天子南面という中国の思想に従い、人の軸は北から南に向けて貫かれていた。

一方、書院造にあっては、東西に横長は同じだが、中には続き間が生まれ、東から入る場合、最上位は西の奥の床の間の前にあり、下位は東に向かって上座の間、次の間、廊下、そして屋外へと延び、人の軸は床の間を起点に西から東へと貫かれる。

中国に倣った南北の軸が、日本固有の東西の軸へと90度振れ、日本の住宅の核心が生まれた。

柿葺きの美しさが際立つ軒唐破風。

正面外観。東を正面とし桁行7間、梁間6間。柿葺きの入母屋屋根で、妻飾りは木連《きづれ》格子。
中央より左に軒唐破風を設け貴人用入口とした。扉は両折両開きの板戸で北側に4枚の蔀戸が入り、
内側に障子が立つ。南側妻戸の四隅を彩る「散らし八双」が美しい。

構造学者の眼から見た木造遺産——総本山 三井寺 光浄院客殿

書院造の空間を構成しているのは、柱、付長押《つけなげし》、真壁、建具(襖)、竿縁天井である。

この建物の付長押は、内法《うちのり》長押と蟻壁《ありかべ》長押の2段で構成されている。もともとは長押も柱と柱をつなぐ構造材であったが、付長押は表面に取り付けられているため構造的には機能しない化粧材となった。構造材としては、その裏に内法貫《ぬき》が配置されることによって構造性能を確保している。また、建具の上部の鴨居は通常は直接、溝が彫られるが、ここでは別材が釘で取り付けられて溝を構成している。溝彫の工具が普及するまではこうした付樋端《つけひばた》が用いられている。

天井際を見ると、柱は天井までは延びておらず、蟻壁長押までで止まっているように見える。蟻壁長押の上部の壁は、蟻壁と呼ばれ柱を覆う大壁が天井際の全周に回されている。天井高を確保する際に、単純に垂れ壁面を大きくするのではなく水平材と蟻壁を組み合わせることによって、軽快な空間としている。

比例関係から建物寸法、部材寸法を割り出してきた木割に空間の大きさに応じて、構造材だけでなく化粧材を用いいながら、少ない要素を組み合わせ微調整できる仕組みが加えられてきたのが伝統木造である。(腰原幹雄)

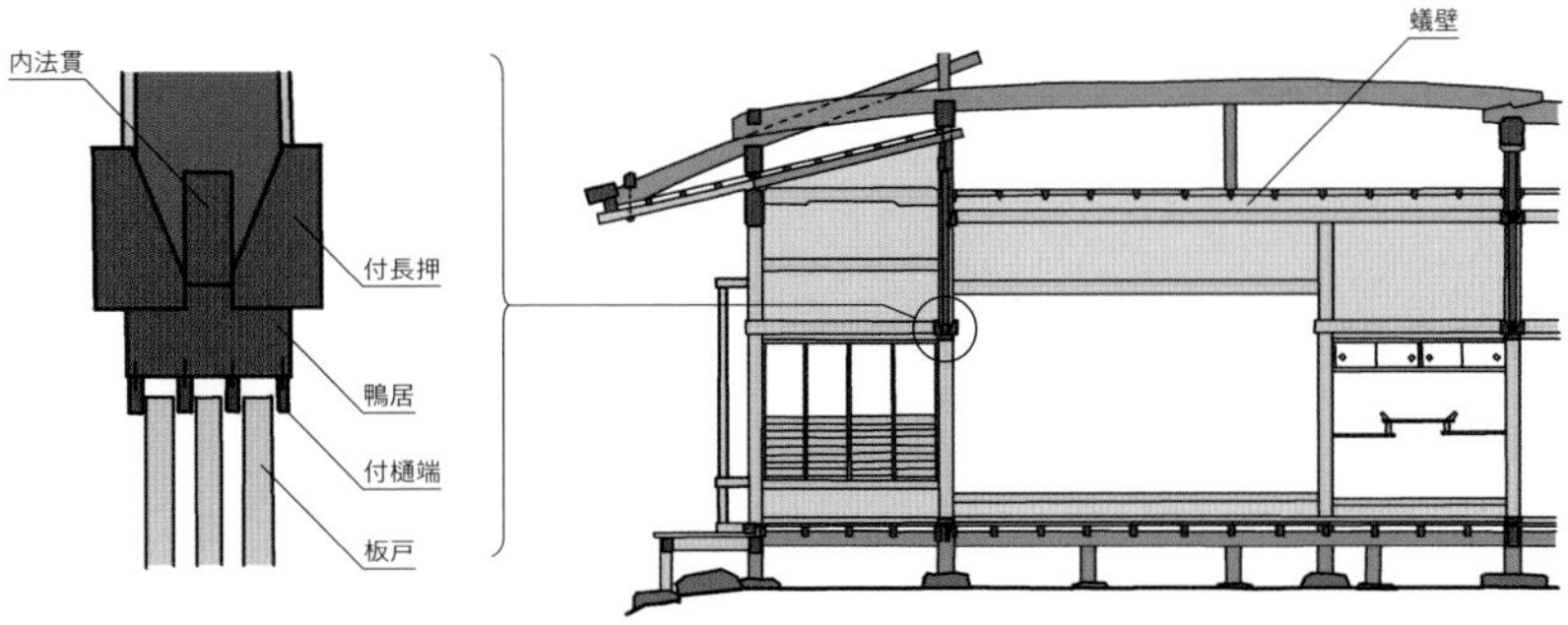

断面図

聖徳宗　総本山

法隆寺 西院伽藍と廻廊

1300年余の間、風雪に耐えて建つ世界最古の木造建築群

法隆寺
奈良県生駒郡斑鳩町法隆寺山内1-1　拝観時間 / 8時～17時（11月4日～2月21日は～16時30分）　拝観料 / 1500円（西院伽藍内・大宝蔵院・東院伽藍内共通）無休　お問い合わせ / ☎0745（75）2555

大講堂の正面から金堂と五重塔を見る。中央には中門。左右に延びる南辺の廻廊は、中門から東側が西側より1間長く、また金堂と五重塔を結ぶ中心線より南側が北側よりも1間分長い造り。全体のバランスがよく見えるよう視覚的工夫がなされている。

今から133年前の明治24年、とても古いお寺が、奈良の斑鳩の里にあると聞いて、初めて法隆寺を訪れた若き建築家の伊東忠太は、すぐに三つのことに気づく。

まず、全体の配置といいプロポーションといい、西洋建築の学習で鍛えた目で見ても至高の域に達しており、これほどの木造建築が日本にあろうとは。次に、世界で現存最古の木造建築かもしれない。三つめは柱が真ん中で膨らんでおり、これはもしやギリシャ神殿のエンタシスに通ずるのではないか。

伊東による法隆寺の〝発見〟は、日本の伝統的木造建築が、地震にも火事にも弱く、美的にも劣っているとして、劣等感を抱いていた当時の日本の建築家たちに、強い自信を与え、師の辰野金吾は、弟子の伊東忠太をこの三つの仮説を実証すべく、3年間の海外留学に送り出す。伊東の選んだ留学先は、当時の通例に反しヨーロッパではなく、なんと、中国からギリシャまでを3年かけて一人で歩いて確かめる、という非常識というか妄想的な計画だった。しかし断固として実行し、三つの仮説について調べ、結論は、至高の美と世界最古の二つはそのとおりだが、エンタシスについての証拠は見つからなかった。

その後も、この三つの説の状態は変わらないまま今に至るが、その間、至高の美については、配置とプロポーションに加え、さまざまな指摘がなされている。例えば、伊東の後を受けた建築史家の太田博太郎は配置の中心軸の先に建築がなく（今は後世の大講堂がある）、左右の塔と金堂が全く違う形で建つという非対称性を、日本的として指摘し、この指摘は丹下健三に伝わり、戦後、丹下独自の配置計画の基となってゆく。非対称配置ともう一つ丹下が影響を受けたのは、たくさんの列柱によって支えられた廻廊の存在で、非対称が陥りやすい統一感の欠如は、廻廊の群れたものを一つにまとめる力によって克服され、さらに、廻廊の内側には、外とも中ともつかない魅力的な空間が出現する。伊東がギリシャ神殿の白大理石の柱の弟として法隆寺の木の柱を発見し、さらに丹下がその柱が列をなして支える廻廊の魅力を現代建築に生かした、とするなら、建築史家の伊東忠太の末裔にして丹下健三の伝記を書いた建築史家（私）としては、法隆寺の柱について何を加えればいいのだろうか。

大講堂。堂内中央の仏壇には、薬師三尊像と四天王立像が安置されている。

南大門から中門を見る。南大門は3間一戸の八脚門で国宝。

内側から見た中門。入母屋造の本瓦葺で正面4間、側面3間の威容を誇る。

西廻廊から正面の経蔵を見る。廻廊はその手前で折れ曲がり大講堂へ続く。

廻廊南側の吹き放ち側の列柱。廻廊は神聖な場所を仕切る垣であり、内部は西院伽藍の中心部を取り囲む聖域。
自然の形を生かした礎石の上に、中間が膨らんだ檜材の胴張りの柱が並ぶ。

柱の木材とエンタシス問題について語りたい。

まず、木材から。当然のように、わが国最高の木材である檜が使われている。日本の古代の寺院はたいていそうだから、さして関心はなかったが、中国現存最古の建築の南禅寺大殿を訪れたとき、檜の力を思い知る。遠目に見ただけで、法隆寺とは柱の印象が違い、表面がガサガサしているというか冬の乾いた肌のように感じられ、近づいて確かめると、小さな無数のひび割れが鋭く深く入り、触ると棘が刺さりそう。法隆寺もひび割れはあるが、数も少なく浅く、全体としては柔らかく、触っても滑らか。

この差は檜か松かによる。１０００年以上経っても〝まだ生きている〟状態は同じで、檜は法隆寺の金堂に使われていた古材をノコギリで挽くと今でもヒノキチオールのいい香りが立つと、法隆寺大工の故・西岡常一さんがいっていたし、中国の松は南禅寺に次ぐ古さの仏光寺大殿の例になるが、今も黄色いヤニを出し続けている。檜も松も生きているのは同じだが、年月による材の表面への影響は大きく異なり、檜は法隆寺の柱が示すようにふくよかで、豊かな印象を与えてくれるのに対し、松はやせたように見えてしまう。日本人が木という材に対して、風化の美を発見したのは、檜ゆえかもしれない。

法隆寺の柱がふくよかで豊かに見えるのは、檜ゆえに加え、やはり形状も大きく効いている。

ギリシャ神殿と法隆寺の柱はともに単純な円柱ではなく、ギリシャのは上に行くに従って細くなり（エンタシス）、法隆寺のは中間が膨れている（胴張り）、と差があり、この形状の違いから兄弟説は成り立ちがたいが、ではなぜ法隆寺は中間が膨らんでいるのか。

エンタシスは、上を細くすることで単純な円柱だと中間が少しやせて見えるという錯視を補正するため、との説が主張され、確かにその効果はあるが、本当は、大理石の柱の祖形は木の丸太柱にあり、木の丸太は自ずと上が細いから、だった。

法隆寺の柱の中間が膨らんでいるのは、これこそ、中間のやせを補正するためではないか。檜の木の力と、やせ補正によりもたらされた列柱の美を、藤塚光政氏の目を通して味わっていただきたい。

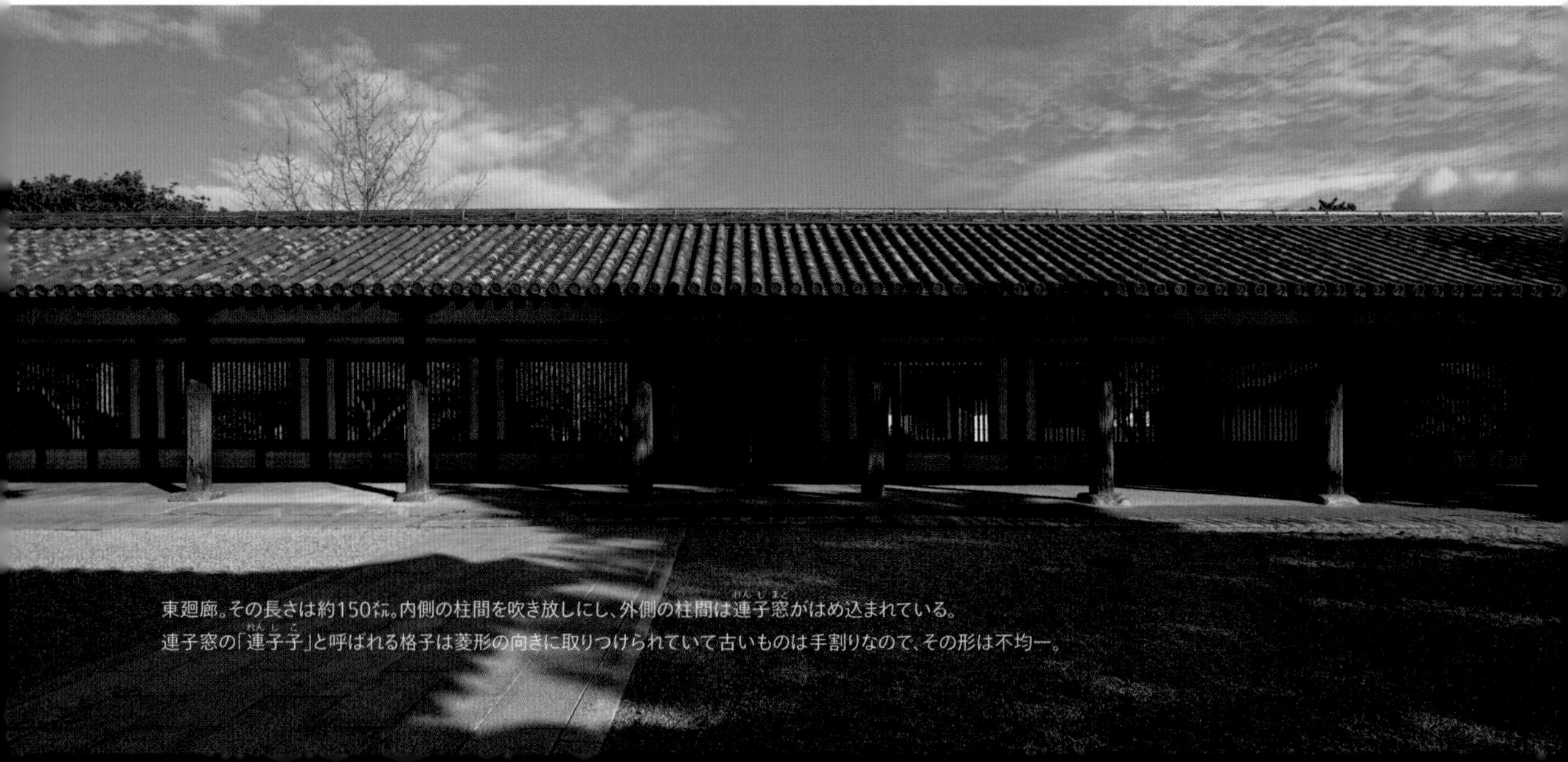

東廻廊。その長さは約150㍍。内側の柱間を吹き放しにし、外側の柱間は連子窓《れんじまど》がはめ込まれている。
連子窓の「連子子《れんしこ》」と呼ばれる格子は菱形の向きに取りつけられていて古いものは手割りなので、その形は不均一。

廻廊の小屋組はゆるく虹を描く虹梁と、その上に三角形に組んだ扠首が特徴。

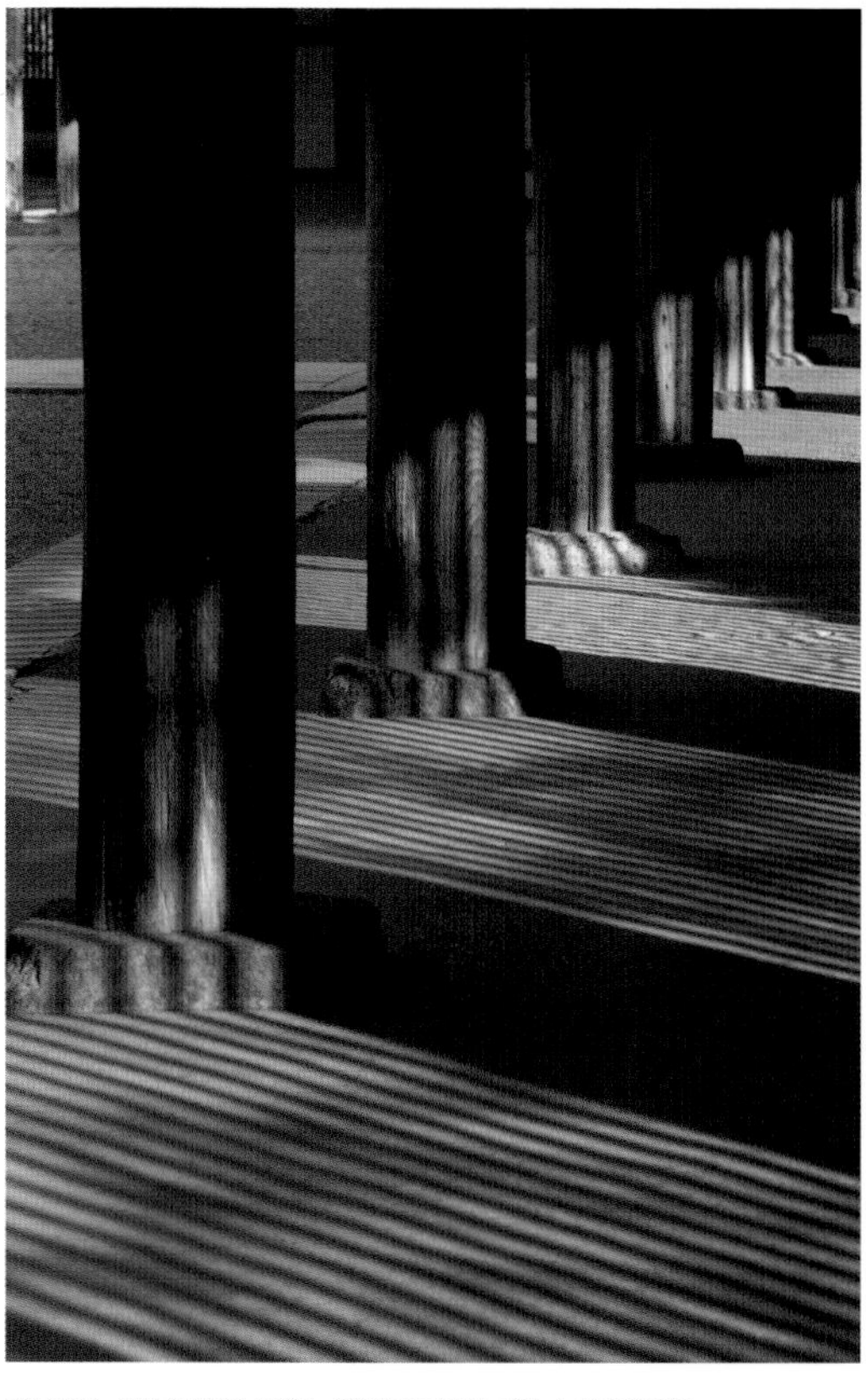

連子窓から低く伸びた日差しが廻廊の内側に美しい陰影を描く。

連子窓。

撮影記

日本の伝統木造建築を10年以上も撮影しながら、そんなに最近まで、誰もが認めるわが国最古の木造建築である法隆寺に行ったことがなかったのかと呆れられるのを承知のうえで言うと、初めて訪れたのは2022年8月、連載のロケハンが目的だった。

僕には幾分ヘソ曲がりなところがある。国宝であり、日本の世界遺産第1号であり、アマ・プロ含めて数多くの写真家が撮影し尽くしているであろう有名建築には興味が湧かず、今さら撮影するつもりはなかった。しかし、最終回にふさわしい建築はもはや法隆寺しかないということになり、「んじゃ、まあ撮るか」と腰を上げることになった。ロケハンは役に立つ場合もあるが、本番前に残像が残っているのはよくない。僕はつねづねワイパーで拭うように、意識的に残像を消してから本番の撮影を開始することにしている。早朝、法隆寺の南大門前に到着。朝日が当たり始めた中門と五重塔がファースト・ショットである。手応えあり! 撮り終えたら速やかに移動する。写真家は狙撃手と同じで、あまり気を発してはイケナイ。西院回廊のいちばん西から中に入り、中門のあたりから全体を眺めると、左手に五重塔、右側に金堂があり、確かに仏教的なエレメントはあるが、不思議と宗教的な戒律の支配は感じられず、もっと抽象的で、人間として共有すべき規範や理念が全体を統一しているように感じた。現代の日本的な精神に通じるものがある。そうか、「和らぎをもって尊しとなす」だな。古来の神道もそうだが、仏教も排他的なところがない。「異教徒を滅ぼすのは、わが神のためだ」という一神教の考え方は、日本人には馴染めない。仏教は信仰よりまず識字を進め、教養の次に善行を求める一方、神道も仏を護るのは神であるとして、神仏習合が始まったが、これもいかにもわが国らしい穏やかさだ。異なったことやモノを認め、融合を求めるのは、両者の文化度の高さの象徴なのかもしれない。

僕が最も惹かれていたのは、回廊の柱のエンタシスだ。理由などない。法隆寺西院回廊の白眉である。これだけの檜の列柱が他にあるだろうか。僕はソリッドより空間を重視して撮影することが多いが、ここばかりは列柱にしか眼が行かない。次第に忘我恍惚のトランス状態になり、同道の編集者や助手、撮影に立ち会う法隆寺の僧侶、すべての声も存在も遠のいて、一人で撮影に集中した。おかげで、思いどおりの写真が撮れた。その後、足の早い冬の陽を追いかけて、西院伽藍全体を撮影すべく、大講堂の基壇に15時15分、真北向きにカメラの三脚を立てた。正面に中門、左に金堂、右手に五重塔、西に傾いた真冬の夕日を浴びた姿は、幾分シルエットになり、神秘的である。今まで数多く五重塔の相輪を見上げてきたが、その中で最も美しいと感じた。むろん、五重塔の総体も美しい。真っ黒けな法隆寺と揶揄されそうだが、われながら飛鳥時代もかくのごとしと思えるほどの出来映えである。昼間、金堂東側回廊の横長のカットを撮影したのも、回廊の外観と内側の透過性と、伽藍の外側と青空が重層した一瞬だった。

写真は説明ではない。大切なのはスピリッツだ。説明が勝つと与太郎話に堕落する。写真家の精神が建築と結びつき、ある種の神秘と光に恵まれた一瞬に結晶するのが建築の写真である。大げさに聞こえるかもしれないが、それを日常的に行っているつもりだ。建築を写真化することは大変なことなんだよ。法隆寺を撮影できたのはよかったが、地上で撮影しながら伽藍配置を空撮している気分だった。つくづく自分は地に足のつかない写真家だなと思う。(藤塚光政)

構造学者の眼から見た木造遺産――法隆寺 廻廊

西院廻廊は、法隆寺中門の両端を起点として東西に延び、金堂・五重塔を囲みながら北折して、一旦東西に屈折し、さらに北折して経蔵・鐘楼にそれぞれ取り付き、大講堂に至る凸型をなしている。このうち当初部分は、金堂・五重塔背後の屈折点までで、もとは、ここで東西に連結されて、北面を閉ざしていた。現状のように拡張されたのは、平安時代中期とみられる。廻廊の構造は、胴張りのある円柱の上に皿斗、大斗を載せ、その上には短辺方向の2本の柱の間に、虹梁が架け渡される。虹梁の上は斜めに杈首を組み、その上に組物を介して、棟を支える。そして棟と長手方向の桁に垂木を架け渡すという、極めて単純な構成である。東廻廊は折れ曲がり延長42間、西廻廊は40間と、同じ仕組みが繰り返されているように見えるが、1300年以上の年月を経ている廻廊には、さまざまな変化がみられる。。傷んだ部材の修復として矧木《はぎき》、埋木《うめぎ》はもちろん、繰り返された修理によって交換された部材も多くある。さまざまな部材で構成されているが、主要構成部材をみると当初材23.6㌫、中世材19.1㌫、江戸材14.2㌫、大正材43.1㌫となっている。時代に応じて、部材の加工方法も変化している。連子窓の縦に入っている連子子は、当初材では木を割って製作するため歪んで不揃いな材が並ぶが、修理された部材はきれいに製材された均質な材が並ぶ。さらに屋根を支える虹梁も、当初のものは部材が細く弓形になっているが、平安時代以降に延長された部分では、虹梁は太く真っすぐな材となり、斜めの杈首の中央は太い束で支えるようになっている。工学的には、変更の意図は明確ではないが、当時の改良なのであろう。

それぞれの時代に大工たちの経験の中からさまざまな知恵を加えて改良しながら、長い期間、建物を保全してきたのが、伝統木造建築である。(腰原幹雄)

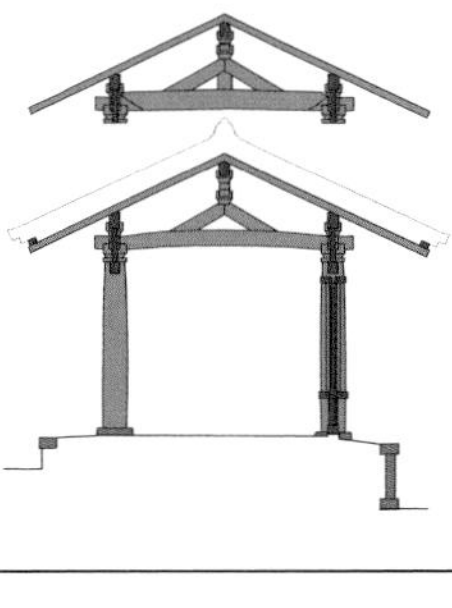

廻廊の断面図

昭和モダニズム住宅の傑作にして重要文化財

聴竹居 本屋と茶室

日本の気候風土に寄り添う藤井厚二の建築思想

聴竹居 本屋と茶室

京都府乙訓郡大山崎町大山崎谷田31　公開日 / 日曜と水曜（見学には事前予約が必要）。見学希望日の90日前から3日前までに、聴竹居ホームページの「お申込みフォーム」より予約。※お盆、年末年始は休み　見学料 / 大人1500円　学生・児童1000円（大学院生・専門学校生も同様）※見学資格など詳細はホームページを参照　お問い合わせ / ☎075(956)0030

昭和3(1928)年に建てられた聴竹居。家族が住まう本屋は、リビングである居室を中心に各室がつながる「一屋一室」の構成。テーブル越しに左手に見えるのは客室。計算され尽くした格子のデザインも藤井ならではのもの。藤井は建築のみならず家具、照明、陶器などあらゆるものをデザインした。向かって右手は開口部が広がる縁側。

暑い京の夏にあっても、涼しい風がそよぐ竹林の音を聴きながら暮らしたい——そう願って〈聴竹居〉は作られた。作ったのは藤井厚二という建築家で、作った昭和3年当時、京都帝国大学教授が主に手がけるのは役所や銀行やビルといった公共建築と考えられていたけれど、しかし藤井は、人が住むという営みへの深い関心から、自宅を一回、二回、三回と建て替え続け、やっと五回目のこの家で納得する。

竹林を渡る風のように——この詩的印象を建築的印象に置き換えると、自然の材料を使い軽やかに風通しよく、となり、さらに建築に近づくと、木造、大きな開口部（出入り口と窓）そして飾りは抑える、に着地する。ヨーロッパはむろん世界のたいていの国に木造住宅の伝統はあるが、教会建築で発達した石と煉瓦による壁構造の影響を受け、木材を使っても厚くて重い壁を好むようになり、自ずと建物全体も各部屋も閉ざされた箱のようになり、そこに小さな出入り口や窓を開口部として開けるようになったし、露出する木材を保護するため、木造壁の外側にモルタルを塗ったり、室内の木材には塗料を塗るようにもなり、自然状態からは遠ざかる。

一方、日本の木造住宅は対照的な進化を遂げる。神社仏閣をはじめ住宅建築まで、重くて硬い石や煉瓦ではなく軽くて、軽い割には強い木材ですべて作られるようになり、柱を立てて上に梁を載せるだけの枠組構造が発達し、壁で囲うのではなく柱と柱の間を可動式の建具（板戸、雨戸、障子、襖）で塞ぐだけで済ますようになる。そうした木材も、住宅建築の場合、より自然状態に近い素木《しらき》を高級とする美学が確立して定着する。

こうして江戸時代初期には確立した日本の木造住宅の建築的特性を魅力あるものとして最初に見抜いた建築家はシカゴのフランク・ロイド・ライトだ。室内から室外へ、室外から室内へ、そして部屋どうしがわずかな仕切りで水平に連続する特性を自作で取り入れ、それらを作品集にまとめ、明治43（1910）年浮世絵的なパース（透視図）とともに世界に向かって発表した。ここに石と煉瓦により閉ざされてきたヨーロッパの建築は崩れ始め、昭和元（1926）年、ドイツのバウハウスによって新しい

藤井は聴竹居に至るまで改良をくり返し、実に4回も自邸を建築した。4軒目は実物大のモックアップで、人が住むことはなかったという。徹底したこだわりをつめ込んで5軒目の聴竹居で藤井の想いは結実した。　左：玄関前に佇む伊東忠太による怪獣像。　右：背後の天王山を借景とした本屋の外観。

居室の対角線上に位置する食事室。居室より少し床面が高い。円弧状の間仕切りによって居室とやわらかく区切られている。障子を開ければ外ともつながる家族団欒の空間だ。食事室の横には調理室があるが、引き戸を開けると直接配膳することができる。藤井は日常生活における動線を実によく考えていた。

左：居室の横には読書室。 中：食事室から折り返した景色。三畳間は椅子に座った人と畳に座った人の目線が合うよう、居室と比べて床面が30㎝高くなっている。その段差に設けられたのは外気取り入れ口のクールチューブ(導気筒)。引き戸を開けると冷気が足元を漂う。 右：和と洋のデザインが融合した客室。

建築のあり方が主唱され、戦前いっぱいを通して世界に広まり、そして今にいたる。明治末から昭和初期にいたるそうした20世紀建築成立の欧米の動きを、新しいことには敏感な日本の建築家たちが傍観していたわけではなく、ライトと交流したりバウハウスに学んだりしながらわがものとしてゆく。

しかし藤井厚二は違い、ライトやバウハウスに直接学んだりせず、それらの刺激を受けながら、日本の伝統的木造建築を基にした新しい建築の在り方を次のように求めてゆく。技術としては伝統的大工技術を駆使するが、造形上の基準は変え、各部造形は立方体を組み合わせた幾何学に従うように構成する。部屋はライトに始まる空間の連続性を重視する。この二つの性格が最もよく表れているのが主室（本屋）で、壁や棚の造形は正方形と直方体を強く意識しているし、部屋のストンとした空間も連続性のたまもの。板張りの床とし、天井も紙張りとして伝統を排したのは連続性を強調するため。

そして何よりの連続性は、右奥の食堂との関係で、食堂から流れ出た空間は、アーチに縁取られた縦格子をすり抜け、斜めに居室に流れ込む。四角な部屋に斜めに空間が流れ込むという世にも珍しいダイナミックな構成は、千利休の茶室〈残月亭〉が基にある。明治以来、建築家は茶室のような極私的な遊びの場を手がけてはいけないという辰野金吾に始まったと思われる不文律があったが、それを脱し、日本で初めて茶室と取り組んだのは藤井厚二であり（大正４年第一回住宅）、その経験がここで生きた。

食事室から流れ出た空間は、ストンとした長方形の居室を通って外へと向かい、読書室を右手にかすめ、障子を開けて広い縁側に至り、さらに大きなガラス戸を越して庭にいたる。庭の眼下には淀川が流れ、豊かな水流の向こうには石清水八幡宮の森が望まれる。縁側のガラス戸が欧米式の開戸形式ではなく伝統の引き戸形式としたのは、そのほうが開放感が深まるからだった。

技術は伝統の木造を駆使しながら、しかし幾何学、空間の連続性といった世界のモダニズムの動向に従い、そして伝統に由来する茶室や障子や引き戸の要素を取り込んだ。かくして聴竹居は実現し、藤井は竹の音を楽しみながら10年を過ごし、昭和13（１９３８）年、49歳で逝去している。

左：石段を上ったところにある本屋の玄関。扉は内開き。　右：藤井がデザインした印象的な暖房器具。電熱線により暖をとる仕組みで、発光すると青海波の紋様を放射し壁面に映し出す。心まで温めるメカニズムだ。上部の蓋を開けると水を注ぐことができ、湯沸かしとして使われていた。

一連の写真は本屋の東側に建つ茶室(下閑室)。斜面を活かして建てられている。建物の北西に据えられた巨石そばの樋から水が流れ、建物の下を通って南東の滝を下り、池へと注ぐ。招かれた客は茶室の両側から水音を愉しんだ。フランク・ロイド・ライトの落水荘より5年も前に実現されており、藤井の先見性、非凡さを窺い知ることができる。
上左:通常より広さがある床の間。藤井デザインの焼き物を飾ったそうだ。 上右:一畳台目中板の茶室。右手に"らしからぬ"躙り口が見える。 左:地形を活かした茶室の異形ぶりがよくわかるアングル。窓枠が壁面に収まらず外にはみ出ているのは、茶室の柱はわずか8cm角のため。だが、逆にそれが外観にアクセントを付けている。 中:南東側の外観。 右:水盤を設けた茶室玄関と待合。

構造学者の眼から木造遺産――聴竹居 本屋

近代に入り木造建築の構造は伝統技術と近代建築技術とが共存することになる。経験学に基づいた伝統技術と工学に基づいた近代建築技術には対立もあった一方、伝統技術の工学的評価も試みられてきた。

本屋の縁側では、淀川を望む風景を得るために室内からの視線を妨げないように、柱は正方形ではなく、見付の細い長方形断面が用いられている。出隅部ではガラスを突き合わせて柱をなくすため、小屋組で二方向から跳ねだしている。跳ねだした軒裏の化粧垂木は桔木のように室内まで引き込み梁で押さえられている。景色を優先して視線は操作され、摺りガラスによってこの軒裏も室内からは見えないようになっている。

耐震については、伝統的な木造住宅が平屋または2階建てが一般的であり、2階建てでも2階の階高は低く抑えられてきた背景からか、「我国にて屢々《しばしば》大なる禍害を蒙《こうむ》らしむる地震に対する予防上より見るも平屋を推奨します」とし伝統的な平屋の木造住宅としてこの住宅を設計している。

環境工学の教授として、壁の工法の選定も意匠性だけでなく、熱環境の視点から選択を試みている。木舞壁、土蔵壁、木摺壁の中から断熱性能を測定し、「土塗り壁の勝れたることは明白なる」として土塗り壁を採用している。ただし、そのまま用いるのではなく、剝落による不便の解消のために土塗り壁の上に紙あるいは布を貼っている。さらに、土塗り壁は乾燥収縮により柱との間に隙間が生じやすい点に対して、隙間風の侵入を防ぐとともに左官の手間を減らすために柱に2cm角の木を打ち付ける改良を施している。

伝統構法に経験学と工学的知見を加えて改良を繰り返してきたのが日本の木造建築である。

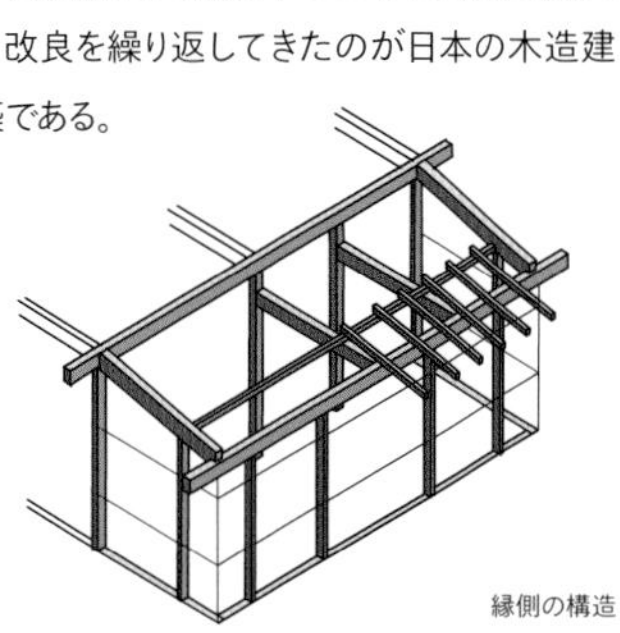

縁側の構造

本屋の縁側。敷地の眼下を走る鉄道を庭の生垣が遮り、川を挟んだ対岸の男山までをも借景とした美しい眺め。屋根から張り出した軒が窓上部の摺りガラスに隠れ、視点が窓で切り取られた景色へと向く。柱のない三方ガラスの横連窓はル・コルビュジエを意識したものと考えられている。

あとがき　藤塚光政

初編『日本木造遺産 千年の時を超える知恵』が出版できて、誠に喜ばしい。初編は撮りたいものをほとんど一人でリストアップし、気の向くままに次々とがぶ飲みのごとく撮影し、連載をまとめて単行本化した。思えば、それだけ感性に従う勢いがあった。

しかし、二度目の連載では、ある庭園を取材しようとしたら、藤森博士が「それなら高松・栗林公園の掬月亭を先に取り上げようよ」とうれしいアドバイスをくれたり、腰原博士が「こんなのがあるよ」とビックリ建築の与倉屋大土蔵を教えてくれたりした。このように、三者の間に垣根がなくなり、三重奏が自然と奏でられたことが新たな収穫だった。

もう一つうれしかったのは、恐ろしくて初編で取材できなかった利休の「待庵」を撮影できたことだ。われながらイイ写真である。

2冊を通じて紹介した伝統の木造建築は、わが国でしか生まれようもなければ、生き続けることもできない、世界的な遺産である。温帯で多雨の気候、火山性の土質、建立の立志、表現と感性、細かい修繕計画、造替や遷宮による技の伝承、計画植林と管理と伐採――それらが揃っていなければ、木造建築が落慶当時のままの姿を残し、千年以上もの時を超えて、現代まで存在することはありえなかったであろう。

この本を手に取った大勢の皆さんが、日本各地にはそうした世界に誇れる木造遺産がまだまだたくさんあることを知り、実際に足を運んでそのすばらしさを体感してくれれば、さらにうれしい限りである。

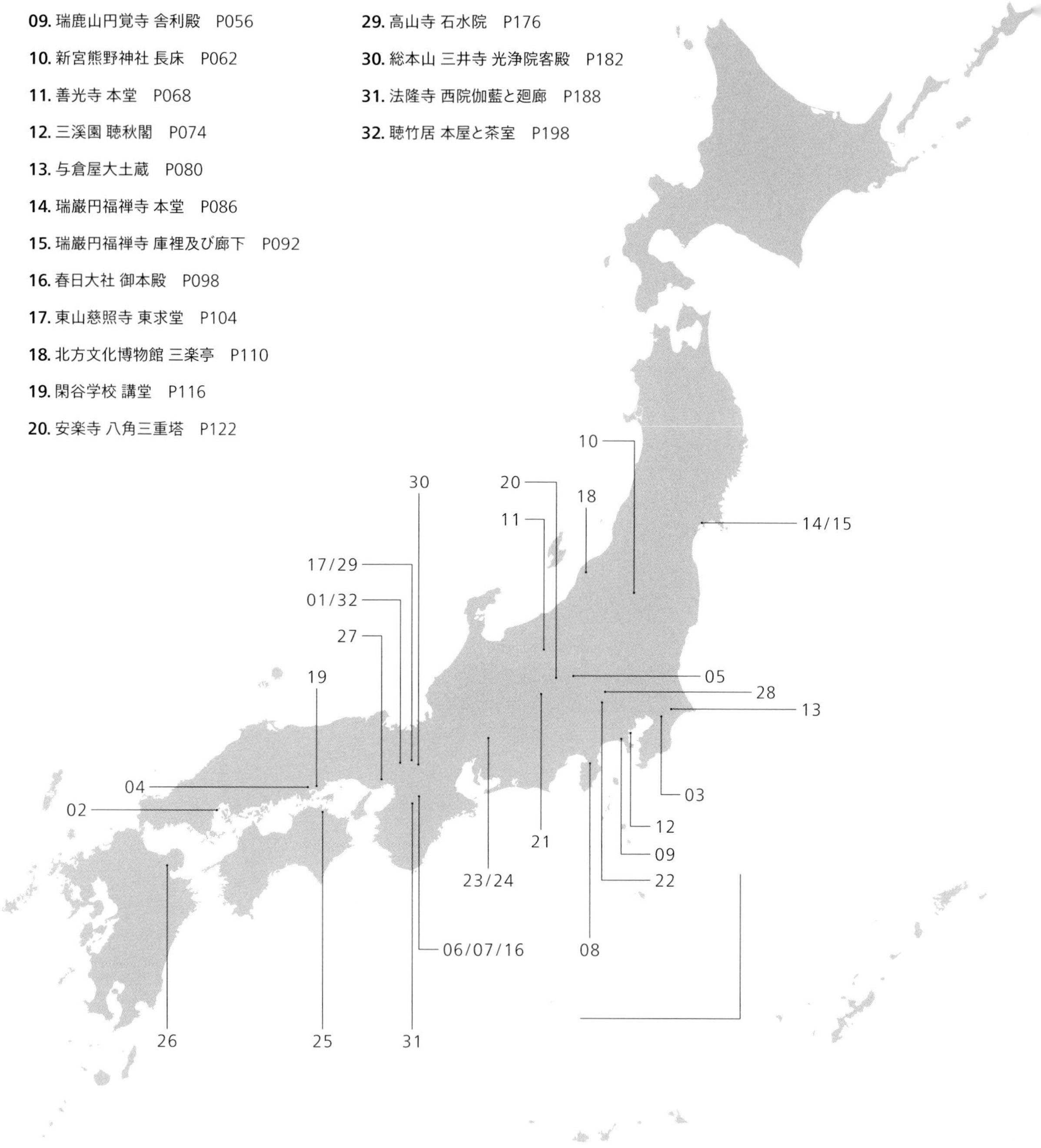
10
20
18
30
11
14/15
17/29
01/32
27
19
05
28
13
04
02
03
12
21
09
23/24
22
06/07/16
08
26
25
31

日本木造遺産

執筆者略歴

藤森照信（ふじもり てるのぶ） 建築史家、建築家

1946年、長野県生まれ。工学院大学特任教授、東京大学名誉教授。71年、東北大学工学部建築学科卒、78年、東京大学大学院工学系研究科建築学専攻博士課程修了。東京大学生産技術研究所教授、工学院大学建築学部教授を歴任。専門は明治以降の近代現代建築。丹念なフィールドワークと膨大な資料をもとに建築史を解き明かしていく「建築探偵」としての活動が幅広く共感を得る。赤瀬川原平らと路上観察学会を結成し、路上観察ブームを起こした。著書に『明治の東京計画』（岩波書店）、『建築探偵の冒険 東京篇』（筑摩書房）、『日本の近代建築』（岩波書店）、『丹下健三』（新建築社）など多数。建築家としての主な仕事に《神長官守矢史料館》《秋野不矩美術館》《高過庵》などがあり、建築の起源に迫る独創的な建築作品は多岐にわたる。

藤塚光政（ふじつか みつまさ） 写真家

1939年、東京都生まれ。61年、東京写真短期大学卒業。月刊「インテリア」編集部を経て65年独立。大型カメラが主流であった建築写真界で早くから35ミリカメラを駆使し、周辺環境や人間を含めた建築のライブな姿を記録。著書に『どうなってるの?身近なテクノロジー』（新潮社）、共著に『意地の都市住宅』（ダイヤモンド社）、『現代の職人』（晶文社）、『不知詠人 詠み人知らずのデザイン』『建築リフル』『藤森照信の特選美術館三昧』（以上TOTO出版）、『BRIDGE』（鹿島出版会）、『木造仮設住宅群』（ポット出版）、『SENDA MAN 1000』（美術出版社）、『日本木造遺産 千年の建築を旅する』『日本の住宅遺産』（以上世界文化社）、『JAPAN'S WOODEN HERITAGE』（出版文化産業振興財団）など。2018年、長年の建築写真活動に対し、「2017毎日デザイン賞・特別賞」を受賞。

腰原幹雄（こしはら みきお） 東京大学生産技術研究所 教授

1968年、千葉県生まれ。92年、東京大学工学部建築学科卒業。2001年東京大学大学院博士課程修了、博士（工学）。構造設計集団〈SDG〉、生産技術研究所准教授を経て、12年より現職。NPO法人team Timberize理事長。構造の視点からさまざまな材料の可能性を追求している。著書に『都市木造のヴィジョンと技術』（オーム社）、『感覚と電卓でつくる 現代木造住宅ガイド』（彰国社）。構造設計に《下馬の集合住宅》《幕張メッセ ペデストリアンブリッジ》《八幡浜市立日土小学校耐震改修》《油津運河夢見橋》《金沢エムビル》など。

日本木造遺産　千年の時を超える知恵

発行日	2024年6月20日　初版第1刷発行
	2024年9月25日　第2刷発行
著者	藤森照信　藤塚光政
発行者	千葉由希子
発行	株式会社世界文化社
	〒102-8187　東京都千代田区九段北4-2-29
	電話　03（3262）5117（編集部）
	03（3262）5115（販売部）
印刷・製本	株式会社リーブルテック

写真	藤塚光政
助手	八坂麻里子・佐藤央基
ブックデザイン	渡部智宏・平綿久晃・木村未歩・石原未菜（MOMENT）
校正	株式会社円水社
DTP制作	株式会社明昌堂
編集	井澤豊一郎（世界文化社）
編集協力	阿部聖子

本書は月刊『家庭画報』の連載「続・日本の木造遺産」（2019年11月号～2023年3月号）に、2024年7月号掲載の特別編を加えて構成しています。随所に掲載した「撮影記」（文・藤塚光政）は本書のための書き下ろしです。

ISBN978-4-418-24210-8